Theodor Vieweg

Schiffsmodellbau

Neckar-Verlag GmbH · 773 Villingen-Schwenningen

ISBN 3-7883-0101-5

2. überarbeitete Auflage 1975

Neckar-Verlag GmbH., 773 Villingen-Schwenningen, Klosterring 1.

Satz, Druck und Bindearbeiten Karl Metzmaier KG, 757 Baden-Baden, Kernerstraße 7.

Inhaltsverzeichnis

Vorwort

Die durch Arbeitszeitverkürzungen und flexible Altersgrenze gewonnene zusätzliche Freizeit und die erhöhten Belastungen im Berufsleben veranlassen immer mehr Menschen dazu, sich in den Stunden der Muße mit Dingen zu beschäftigen, die weitab ihrer täglichen Arbeit liegen. Trotz Fernsehen und zunehmender Motorisierung wird der Kreis derjenigen immer größer, die sich in irgendeiner Form mit Schiffsmodellen beschäftigen. Kaum ein anderes Hobby bietet so viele Möglichkeiten wie gerade der Schiffsmodellbau.

Sehr viel älter als Flugzeug, Auto und Eisenbahn ist das Schiff als Verkehrs- und Transportmittel. Lange bevor der Mensch Räder herstellen konnte, höhlte er Baumstämme aus, um sich mit ihnen auf dem Wasser bewegen zu können. Die sich über Jahrtausende erstreckende Entwicklungsgeschichte des Schiffbaues läßt sich jedoch nur lückenhaft zurückverfolgen, da man auf gelegentliche Bodenfunde angewiesen ist. Am Anfang waren es Einbäume, die durch primitive Paddel fortbewegt wurden. Auskunft über die Form der Wikingerschiffe, die gerudert und gesegelt wurden, gaben erst die Funde von Gokstad und Oseberg. Eine Reihe glücklicher Zufälle fügte es, daß die Schiffe, ohne in der Erde zu verfaulen, die Jahrhunderte überstanden haben. Von der Wikingerzeit bis zum Beginn des 15. Jahrhunderts fehlen exakte technische Darstellungen. Aus dem Mittelalter sind eine ganze Reihe von Segelschiffen der unterschiedlichsten Bauformen bekannt, wie Karavelle, Karacke, Galeere, Fleute, Fregatte, Bark, Brigg, Schoner, Dschunke, Klipper, um nur einen Teil zu nennen. Aus diesen und den nachfolgenden Jahren sind Darstellungen, Urkunden und Modelle überliefert. Teilweise sind diese Überlieferungen jedoch unvollständig und voneinander abweichend, so daß nicht alle hiernach vorgenommenen Rekonstruktionen von den Historikern anerkannt werden. Besonders bei der Takelage gehen die Ansichten der Experten oftmals auseinander.

Mit der Erfindung der Dampfmaschine begann ein neuer Entwicklungsabschnitt in der Geschichte der Schiffahrt. Später folgte die Umstellung von der Holz- auf die Eisenbauweise. Aus Fischewern wurden Hochseefischdampfer und aus Raddampfern mit Hilfssegeln entwickelten sich Ozeanriesen bis zu 300 Metern Länge. Heute befahren die verschiedensten Schiffe unsere Flüsse und Kanäle, die Seen und Meere. Hier finden wir Fracht- und Passagierschiffe, Schlepper und Tanker, Sportboote und Segeljachten, Kriegsschiffe und Unterseeboote, Fischereifahrzeuge und Küstenschutzboote sowie viele andere mehr. Zu den ersten Modellen von Schiffen gehörten die Grabbeigaben ägyptischer Königsgräber. Die mehr kultischen Gedanken entsprechenden Modelle waren sehr einfach und zeigten die muldenförmige Form der damaligen Boote. Erst ein Kirchenschiffsmodell aus der Mitte des 15. Jahrhunderts ließ den technischen Fortschritt erkennen, der in der Vergangenheit gegenüber den aus Bodenfunden bekannt gewordenen Schiffen gemacht worden war. Während der großen Zeit der Segelschiffe nutzte eine Anzahl von Seeleuten die sich durch Windstille ergebenden Arbeitspausen für den Bau von Schiffsmodellen aus. Heute geben Modellrümpfe im Schleppversuch wichtige Konstruktionshilfen bei der Planung von Neubauten.

Die Vielzahl der Schiffstypen aus einem sich über Jahrhunderte erstreckenden Zeitabschnitt machen die Betätigung mit Schiffsmodellen zu einer ungemein vielseitigen Freizeitbeschäftigung. Die Skala der Möglichkeiten reicht vom Sammeln von Kleinstmodellen über das Zusammenkleben gespritzter Plastikteile und dem Zusammenbau vorgefertigter Einzelteile zu Schiffsmodellen, der Rekonstruktion historischer Segelschiffe und dem Eigenentwurf rasanter Rennboote bis zur gekonnten Beherrschung ferngesteuerter Modelle und ihren Sonderfunktionen. Es gibt wohl keinen Schiffstyp, der nicht schon als Modell nachgebaut, keine Funktion, die nicht ferngesteuert dem großen Vorbild gleich am Modell gezeigt wurde.
Ein umfangreiches Angebot der Industrie an Bauplänen, Baukästen, Zubehör und vorgefertigten Einzelteilen erleichtert dem Modellbauer diese Arbeit heute sehr. Da auch hier immer noch eine gewisse Eigenleistung erbracht werden muß, kann das große Angebot leicht dazu führen, daß der einzelne seine Ausdauer und handwerklichen Fähigkeiten überschätzt. Empfehlenswert für den Anfänger ist es daher, erst mit einem kleineren und einfacheren Modell zu beginnen, um sich hieran die Grundfertigkeiten zu erwerben.
Möge dieses Buch dazu beitragen, allen neuen Freunden des Schiffsmodellbaues ein Ratgeber in fachlichen Fragen zu sein und den fortgeschrittenen Modellbauern weitere Anregungen vermitteln.

Bendestorf, im Sommer 1975 — Theodor Vieweg

Gedanken zur Modellwahl

Die Modellwahl verlangt nicht nur von dem Anfänger, sondern auch von dem bereits erfahrenen Schiffsmodellbauer einige Überlegungen. Im allgemeinen trifft der Neuling seine Entscheidung schneller. Angeregt durch ein Modell, das er bei Verwandten, Freunden oder Bekannten, im Schaufenster eines Fachgeschäftes oder Reisebüros gesehen hat, steht sein Entschluß fest — nur dieses soll es sein —. Oftmals ergeben sich dann im Laufe der Bauzeit Schwierigkeiten, und dieses oder jenes entspricht nicht den Erwartungen. Das ist umso unangenehmer, je später diese Erkenntnis kommt. Es ist auch schon vorgekommen, daß sich erst beim Einbau des Antriebes, der Stromversorgung oder der Fernsteueranlage zeigte, wie wenig Platz hierfür im Innern des Modells vorhanden ist. Diese und ähnliche Dinge, wie schlechte Lage im Wasser, zu großer Tiefgang, Unstabilität und ähnliches, können den angehenden Modellbauer verärgern und ihm die Lust nehmen. Ein guter aber wenig beliebter Rat ist, zuerst mit einem einfachen Modell zu beginnen, das nicht viel Zeit, Arbeit und Geld erfordert. Der richtige Anfang wäre ein mehr oder weniger vorgefertigtes Baukastenmodell. Auch hieran lassen sich eine Reihe von Erfahrungen sammeln.

Bei jeder Planung müssen folgende Faktoren berücksichtigt und miteinander in Einklang gebracht werden: Schiffstyp, Verwendungszweck, Größe, Maßstab, Antrieb und Bauweise. Keiner dieser Punkte kann für sich allein betrachtet werden. So sind nicht nur Schiffstyp und Antrieb, sondern auch Größe und Verwendungszweck eng miteinander verbunden.

Der **Schiffstyp** ist in erster Linie eine Frage des persönlichen Geschmacks, über den sich bekanntlich streiten läßt. Während der eine sein Interesse historischen Modellen zuwendet, sind es für einen anderen Zweckfahrzeuge, Handels- oder Kriegsschiffe und der dritte bevorzugt schnelle Rennboote.

Bei dem **Verwendungszweck** unterscheiden wir zwischen schwimmfähig und nicht schwimmfähig. An nicht schwimmfähigen Modellen brauchen in bezug auf Stabilität nicht so hohe Anforderungen gestellt zu werden wie an schwimmfähigen Modellen. Stand- oder Ansichtsmodelle sollen vor allem dekorativ wirken, wofür sich besonders gut die historischen Segelschiffsmodelle eignen. Sie können mit vielen Feinheiten versehen werden, da sie ihren Platz an gesicherter Stelle — evtl. sogar unter Glas — erhalten. Bei den Standmodellen lassen sich zwei Arten unterscheiden, einmal die mit Unterwasserschiff versehenen Vollschiffe und die ausgesprochenen Tischmodelle, denen das Unterwasserschiff fehlt. Ein schwimmfähiges Modell muß, um den mitunter etwas rauhen Fahrbetrieb und damit im Zusammenhang den Hin- und Rücktransport gut zu überstehen, etwas robuster gebaut sein. Zusätzlich treten hier die Fragen nach Schwimmverhalten, Schwerpunktlage und Eintauchtiefe in den Vordergrund.

Die **Größe** des Modells richtet sich nach dem beabsichtigten Verwendungszweck. Für ein Stand- oder Ansichtsmodell, das seinen Platz in der „guten Stube" finden soll, ist eine Länge von 30 bis 50 cm gerade richtig. Soll dagegen eine kleine Flotte von Ansichtsmodellen geschaffen werden, reicht hier die halbe Größe aus. Die Größe schwimmfähiger Modelle wird dadurch bestimmt, was später alles in das Modell eingebaut werden soll. Da ist der

Antrieb in Form eines oder mehrerer Elektromotoren, eines Verbrennungsmotors oder einer Dampfmaschine mit Kessel und Feuerungsanlage, Batterien, Akkumulatoren, Fernsteuerempfänger, Rudermaschinen u. ä. Dieses alles muß nicht nur leicht zugänglich angeordnet sein, um bei Störungen schnell und ohne große Eingriffe an die Schadensstelle zu gelangen, sondern darf auch gewichtsmäßig nicht die Zulademöglichkeiten überschreiten. Ferngesteuerte Schiffsmodelle sind in den meisten Fällen zwischen 0,9 und 1,4 m lang. Bei diesen Abmessungen lassen sich Antriebsaggregate und Steuereinrichtungen gut im Modell unterbringen. Ebenfalls können diese Modelle in einem Mittelklassewagen ohne Dachgepäckträger oder Anhänger transportiert werden.

„Wapen von Hamburg", ein beliebtes Modell für Freunde historischer Schiffe

Wenngleich sich auch ein 50 cm langes Boot fernsteuern läßt, wirkt ein größeres Modell doch viel attraktiver als ein kleines Schiffchen, das sich schon nach kurzer Entfernung vom Ufer auf dem Wasser zu verlieren scheint. Erfahrene Modellbauer zäumen gewissermaßen „das Pferd von hinten auf". Sie stellen zuerst alle Einzelteile zusammen, wie Material für das eigentliche Modell, Antrieb, Stromquellen, Fernsteuerung und Rudereinrichtung. Danach wird das Gesamtgewicht errechnet und der Raumbedarf bestimmt. Erst dann wird die Größe des Modells gewählt. Ein Weg, der sich in der Praxis gut bewährt hat.

Beim vorbildgetreuen Modellbau ergibt das Verhältnis der Größe des Originals zum Modell den **Maßstab.** Die Länge eines Modells allein sagt jedoch noch nichts über den Maßstab aus. Ein 1 m langes Modell kann sowohl im Maßstab 1 : 25 wie auch im Maßstab 1 : 100 gebaut sein, wobei das Vorbild einmal 25 m und zum anderen 100 m lang war. In der Praxis werden überwiegend die sogenannten geraden Maßstäbe bevorzugt, wie 1 : 10, 1 : 25, 1 : 50, 1 : 100, 1 : 200 und 1 : 500. Als ungerade Maßstäbe gelten z. B. 1 : 37 und 1 : 83. Die Einhaltung gerader Maßstäbe erleichtert die Arbeit sehr, da die Baupläne durchweg in einem dieser Maßstäbe gezeichnet sind. Zum anderen ist die Industrie auf dem Wege, Einzelteile in den gängigen geraden Maßstäben zu liefern. Auch lassen sich zwischen den im gleichen Maßstab gebauten Modellen bessere Vergleiche anstellen als bei Modellen mit gemischten

Aus dem fernen Osten die chinesische Dschunke „Goldener Drache"

Modell des finnischen Gastankers „Nicole"

Motorjacht „Sturmvogel", ein leicht zu bauendes Modell

Ein Ruderboot als Ansichtsmodell

Dampfjacht um die Jahrhundertwende

„Z 15", ein Zerstörer aus dem 2. Weltkrieg, von einem ehemaligen Besatzungsangehörigen gebaut

Maßstäben, was besonders auf Wettbewerben gefordert wird. Wer sich eine kleine Flotte von Schiffsmodellen zulegen will, sollte bei einem einheitlichen Maßstab bleiben, um einen natürlicheren Eindruck zu erzielen. Eine Modellsammlung, in der ein großer Ozeandampfer die gleichen Abmessungen aufweist wie ein kleiner Hafenschlepper, verliert viel von ihrer Wirkung. Aber noch etwas muß bei der Wahl des Maßstabes berücksichtigt werden. Mit zunehmender Verkleinerung verringern sich die Abmessungen der Einzelteile bei gleichzeitiger Erhöhung der Stückzahl. Die Anfertigung kleinerer Teile erfordert naturgemäß mehr Zeitaufwand und präziseres Arbeiten. Bei einer nicht zu starken Verkleinerung sinkt nicht nur die Zahl der Einzelteile, sondern sie sind auch infolge ihrer größeren Abmessungen leichter zu erstellen. Betrachten wir einmal ein ca. 1 m langes Modell. Hierfür bieten sich Vorbilder von etwa 200 m, 100 m, 50 m und 25 m an, die im Maßstab 1 : 200, 1 : 100, 1 : 50 oder 1 : 25 gebaut werden. In allen Fällen beträgt die Modellänge 1 m und doch ergeben sich wesentliche Unterschiede. Vergleichen wir nur die beiden Maßstäbe 1 : 200 und 1 : 25 miteinander. Während beim Modell im Maßstab 1 : 200 z. B. die ca. 80 cm hohe Reling nur 4 mm hoch wird, ergeben sich bei Maßstab 1 : 25 Relingstützen von 32 mm Höhe bei bedeutend geringerer Stückzahl. Genau wie die Reling verhalten sich auch alle anderen Einzelteile bei diesen Maßstäben. Neben dem unterschiedlichen Arbeitsaufwand ist auch zu bedenken, daß kleinere Einzelteile beim Transport und Fahrbetrieb viel leichter beschädigt werden können. Eine Vereinfachung bei den Aufbauten ergibt sich erst bei den Maßstäben 1 : 500 und 1 : 1000, bei denen viel stilisiert werden kann und es hauptsächlich auf die Ausarbeitung der charakteristischen Merkmale der jeweiligen Schiffstypen ankommt.

Für den **Antrieb** von Schiffsmodellen können Elektromotoren, Verbrennungsmotoren und Dampfmaschinen verwendet werden. Sie unterscheiden sich nicht nur durch ihre Größe und Bedienungsart, sondern auch durch die mit ihnen erzielbaren Geschwindigkeiten. Während Elektromotoren bei allen Modellen mit kleinen und mittleren Geschwindigkeiten eingesetzt werden können, sind für schnelle Boote Verbrennungsmotoren erforderlich. Ideale Modelle für einen Dampfantrieb sind größere Schlepper und Raddampfer.

Die letzten Überlegungen gelten der **Bauweise.** Die Entscheidung hierüber wird im wesentlichen von der zur Verfügung stehenden Zeit, dem Interesse an einer handwerklichen Tätigkeit und nicht zuletzt von den entstehenden Kosten bestimmt. Je mehr sich ein Modellbauer vorgefertigter Teile wie Fertigrumpf, ausgesägter Holzteile und industriell gefertigter Beschläge bedient, umso schneller wird er ans Ziel gelangen. Denn auch im Modellbau läßt sich Zeit kaufen. Für den Rumpf stehen als Material Holz, Kunststoff und Metall zur Verfügung, die jeweils ihren Besonderheiten entsprechend bearbeitet werden müssen. Obwohl Blechrümpfe äußerst stabil sind, können sich nur sehr wenige Modellbauer an dieses für sie ungewohnte Material gewöhnen. Eine Anzahl Modellbauer lehnt Kunststoffrümpfe ab, da sie ihrer Meinung nach nichts mehr mit dem eigentlichen Modellbau zu tun haben. Dessen ungeachtet gewinnen die Kunststoffrümpfe immer weiter an Bedeutung, zumal sie eine wesentliche Arbeitsersparnis bringen. Bei allen schwimmfähigen Modellen ist darauf zu achten, daß die Aufbauten nicht zu schwer werden. Balsa- oder Abachiholz, Styropor, Hartpapier und evtl. Pappe sind hierfür am besten geeignet.

Von Kleinst- und Großmodellen

Schiffsmodelle lassen sich in allen Größen bauen, angefangen von einer halben Zigarettenlänge bis zu der Grenze, wo ein Modell aufhört ein Modell zu sein und etwas Selbständiges, nämlich ein kleines Schiff für sich wird.

In den 30er Jahren schuf der Berliner Friedrich Peltzer die ersten Wiking-Modelle im Maßstab 1 : 1250. Seine Idee war, Wasserlinienminiaturmodelle mit den typischen Wesensmerkmalen in einem einheitlichen Maßstab darzustellen. Inzwischen wurden die Wiking-Modelle im In- und Ausland vielfach kopiert, so daß heute ein unübersehbares Angebot der unterschiedlichsten Schiffe aller Zeitepochen besteht. Hier hat ein Festmacherboot die Größe eines Apfelkerns und ein Supertanker schrumpft auf die Länge einer Banane zusammen.

Die aus Blei gegossenen Miniaturmodelle dienen ausschließlich Sammlerinteressen. Von ihnen läßt sich eine kleine Flotte bequem in einer Zigarrenkiste unterbringen. Die größte bekanntgewordene private Sammlung umfaßt mehr als 14 000 (vierzehntausend) Kleinstmodelle. Da nur sehr wenige eine solche Flotte ihr eigen werden nennen können, sollte das Sammeln systematisch als kleine Typenkunde betrieben und auf die Zusammengehörigkeit der einzelnen Schiffe geachtet werden. So passen ein Raketenkreuzer und ein Linienschiff der ehemaligen Kaiserlichen Marine nur dann zusammen, wenn die Entwicklungsgeschichte der Kriegsschiffe gezeigt werden soll.

Bei allen Großmodellen wird oftmals die Frage gestellt, ob diese Modelle überhaupt noch etwas mit dem Schiffsmodellbau zu tun haben. Für den Nach-

Seebäderschiff „Helgoland" als Kleinstmodell im Maßstab 1 : 1250

Schon eher ein Kleinschiff als ein Schiffsmodell. Nachbau der 4. „Bremen" im Maßstab 1 : 25

bau der 4. BREMEN — die vor dem zweiten Weltkrieg zu den schönsten und schnellsten Schiffen der Welt gehörte — im Maßstab 1 : 25, trifft eher die Bezeichnung „Kleinschiff" zu. In über 10jähriger Arbeit bauten die Osnabrücker Bastler Günter Buse und Günter Bos während ihrer Freizeit in einer eigens dafür erstellten Werkstatt die 12 Meter lange und etwa 12 000 kg schwere BREMEN. In dem aus Holz mit handgetriebenem Stahlbelag gebauten Kleinschiff wurden unter anderem 292 m Reling mit 1 780 Relingstützen, 23 000 Kupfernägel, 30 000 Kupfernieten, Tausende von Schrauben sowie viele hundert Meter Oregon-Pine-Planken verarbeitet. Bis in die kleinsten Details wie Rettungsboote, Bullaugen, Treppen, Promenadendecks, Winschen usw. gleicht es dem großen Vorbild. Außer dem Maschinenraum enthält die BREMEN Schlaf- und Wohnräume für 6 Personen, eine elektrische Küche, Vorratsräume sowie Trinkwasser- und Kraftstofftank. Die beiden 38 PS Dieselmotoren verleihen dem Schiff eine Geschwindigkeit von ca. 15 Knoten.

Die Krönung ihrer Arbeit erfuhren die beiden Erbauer am 24. Juni 1962, als sie der 5. BREMEN (ex. PASTEUR) bei Bremerhaven entgegenfuhren und sie in den Hafen geleiteten. Inzwischen hat die kleine BREMEN bereits den Ozean überquert, jedoch nicht aus eigener Kraft, sondern an Bord eines anderen Schiffes und New York einen Besuch abgestattet.

Vorbildgetreue Plastikmodelle

Bei den Ansichtsmodellen nehmen die Modelle aus Plastik einen breiten Raum ein. Von den alten und versierten Modellbauern werden diese zusammengeklebten Modelle vielfach abgelehnt. Bei ihnen muß noch jedes Einzelteil von Hand gefertigt sein und auch das Holz dem des großen Vorbildes entsprechen. Trotz einer Reihe von Gegenargumenten fanden die Plastikmodelle einen großen Anhängerkreis. Der Grund hierfür liegt einmal in der sehr großen Vorbildtreue und Darstellung feinster Details, die ohne das hier angewandte Spritzverfahren kaum möglich wären. Hinzu kommt die verhältnismäßig kurze Bauzeit und die Tatsache, daß der Bau ohne Lärm und Schmutz bei geringem Platzbedarf vor sich geht. Das Werkzeug beschränkt sich in erster Linie auf eine Nadelfeile zum Entgraten und einer Pinzette zum Halten kleinster Teilchen.

Vor dem Zusammenbau der einzelnen Teile ist die Baubeschreibung sorgfältig zu lesen. Da alle Einzelteile numeriert sind, erfolgt die Verarbeitung in dieser Reihenfolge. Die meisten Teile sind durch Spritzkanäle traubenartig miteinander verbunden. Um die Übersicht nicht zu verlieren, sind immer nur die Teile aus dem Spritzgerüst zu entnehmen, die verarbeitet werden sollen. Beim Abtrennen ist größte Vorsicht geboten, um die teilweise recht kleinen und empfindlichen Teile nicht zu beschädigen. Spritzrückstände und Grat werden mit einer Nadelfeile oder Glaspapier entfernt.

Das Zusammenfügen der Teile erfolgt mittels eines Spezial-Klebers, ein Vorgang, der schon eher als „schweißen" als „kleben" anzusprechen ist. Überall, wohin dieses Bindemittel gelangt, löst es die Plastikoberfläche an. Dieser Effekt ist aber ausschließlich an den zu verbindenden Flächen erwünscht. Darüber hinaus höchstens noch an den Innenseiten der Verbindungen, um die Nahtstellen zu verstärken. Zur Vermeidung angelöster und aufgerauhter Stellen auf der Außenhaut ist der Klebstoff nicht direkt aus der Tube, sondern mittels Streichholz oder Nadelspitze aufzutragen. Wo es möglich ist, können die einzelnen Teile durch Gummiringe und Wäscheklammern während des Austrocknungsvorganges zusammengehalten werden.

Zum Bemalen sollen nur solche Farben verwendet werden, die als geeignet für Plastikmodelle bezeichnet sind.

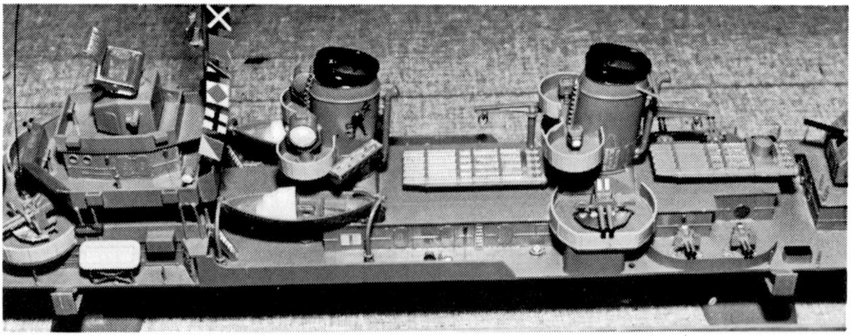

Teilaufnahmen eines Plastikmodelles (amerikanischer Zerstörer)

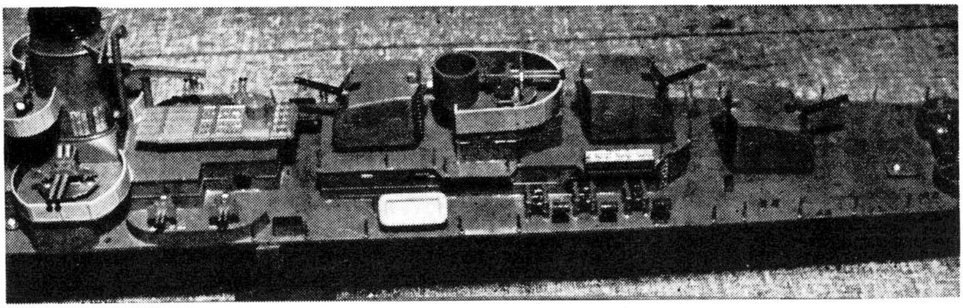

Ursprünglich waren die Plastikmodelle als reine Ansichtsstücke gedacht. Eines Tages kamen findige Köpfe darauf, die größeren Modelle schwimmfähig herzurichten und mit einem Elektromotor als Antrieb zu versehen. Der Trick bestand darin, das Deck — entgegen der Bauanweisung — nicht mit dem Rumpf zu verkleben, um jederzeit an die Batterien heranzukommen. Heute umfaßt das Angebot auch Plastikbaukästen einschließlich E-Motor und Schraube.

Modelle aus dem Baukasten

Die große Zahl derjenigen, die sich in ihrer Freizeit mit einem Schiffsmodell beschäftigen, lassen sich in zwei Gruppen einteilen, nämlich in Modellbauer und Modellsportler.
Der Modellbauer plant, forscht und versucht auf allen möglichen Wegen Einzelheiten über sein zu bauendes Modell in Erfahrung zu bringen. Als Unterlagen dienen ihm Baupläne, erreichbare Schiffsrisse und Fotos. Oftmals wird auch der Besuch von Museen in die Urlaubsreise einbezogen, um dort anhand von Rekonstruktionen oder Abbildungen letzte Unklarheiten zu klären. Alle Einzelheiten müssen dem großen Vorbild entsprechen. Vielfach werden Aufbauten und Ausrüstungsgegenstände Stück für Stück von Hand angefertigt. Zeit spielt meistens keine große Rolle. Die Freude wächst mit den Wochen und Monaten, mitunter auch Jahren, bis das Modell vorbildgetreu erstellt ist. — Für den Modellsportler ist das Modell mehr Mittel zum Zweck. Er möchte möglichst schnell sein Boot zu Wasser bringen und in den meisten Fällen auch fernsteuern.
Für alle diejenigen, die erstmalig ein Schiffsmodell bauen möchten, aber über keine Erfahrungen verfügen oder wenig Zeit haben, ist ein Baukastenmodell gerade das Richtige. Wer sich hierfür entscheidet, hat kein Exklusiv-Modell für sich allein, sondern muß damit rechnen, daß er dem gleichen Modell irgendwo auf dem Wasser begegnet. Um den Preis der Baukästen in vertretbaren Grenzen zu halten, müssen die nicht unbeträchtlichen Entwicklungskosten auf eine möglichst große Zahl umgelegt werden. Das Angebot umfaßt neben historischen Schiffsmodellen Sportboote und eine ganze Reihe der verschiedensten Zweckfahrzeuge. Da die größeren Firmen im Durchschnitt jährlich etwa zwei neue Modelle herausbringen, erweitert sich die Auswahl laufend. Viele Baukästen enthalten neben einem tiefgezogenen Rumpf aus

Seenot-Rettungskreuzer „Adolph Bermpohl" aus dem Baukasten. Die Stückliste umfaßt einschließlich der gesondert zu beziehenden Fertigteile über 250 Positionen, von denen die meisten in mehrfacher Ausführung vorhanden sind

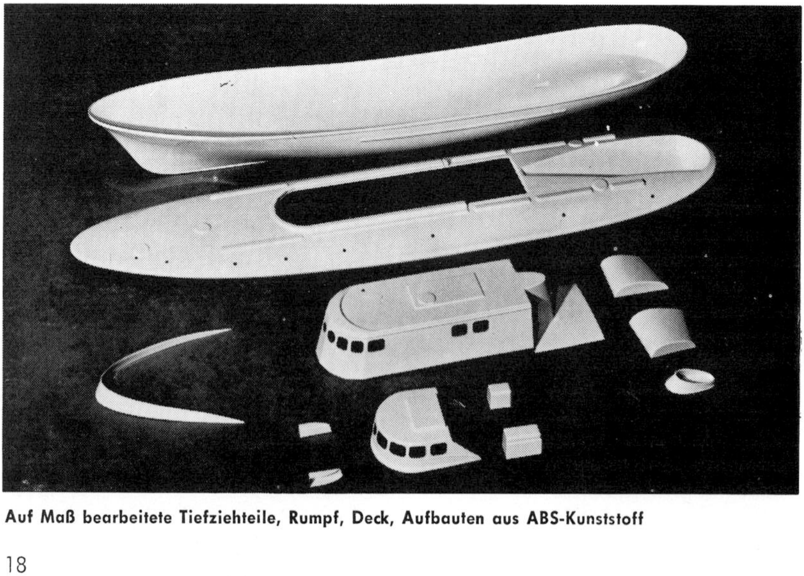

Auf Maß bearbeitete Tiefziehteile, Rumpf, Deck, Aufbauten aus ABS-Kunststoff

Modell der englischen Korvette „Atropos" um 1810. Auf Spanten gebaut mit kupfernem Unterwasserteil. Um die Takelage besser zur Geltung zu bringen wurde auf die Segel verzichtet

schlagfestem Kunststoff auch Deck und Aufbauten aus dem gleichen Material. Andere Baukästen verwenden vorgezeichnete bzw. ausgesägte Holzteile. Ausführliche Bauanleitungen und Bauzeichnungen sowie eine in der Reihenfolge des Zusammenbaues gehaltene Stückliste tragen dazu bei, ein ansprechendes Modell in einer übersehbaren Zeit sein eigen zu nennen.

Werk- und Klebstoffe

Der wichtigste Werkstoff für den Schiffsmodellbau ist Holz. Daneben kommen für den Eigenbau von Rümpfen der Kunststoff Polyester und Metallbleche zur Verwendung, wobei Deck und Aufbauten überwiegend aus Holz bestehen. Wegen seiner glatten Oberfläche wird für Aufbauten teilweise Hartpapier und bei kleineren schwimmfähigen Modellen zur Gewichtserleichterung starker Karton verwendet. Der tiefgezogene Kunststoff Polystyrol in Form von Rümpfen, Decks und Aufbauten beschränkt sich fast ausschließlich auf Baukästen.
Obwohl Holz der bekannteste Werkstoff ist, wissen nur wenige Modellbauer um den inneren Aufbau und den speziellen Eigenschaften. Holz ist nämlich

kein totes Material, es ist lebendig, es arbeitet ständig und ist mancher Formänderung unterworfen. Abhängig von den jeweiligen Temperatur- und Feuchtigkeitsbedingungen schwillt, reißt, schwindet, wirft und verzieht sich das Holz. Am besten geeignet ist das Kernholz, da es fest, schwer, substanzreich und dauerhaft ist. Dieses Kernholz wird von einer Reifholz-Schicht umschlossen. Danach folgt als äußerste Schicht in heller Farbe und saftreich das Splintholz. In gewissen Grenzen läßt sich dem Arbeiten des Holzes entgegenwirken. Beim Verleimen einzelner Schichten ist darauf zu achten, daß die Jahresringe an den Stirnseiten der Schichtbretter gegenteilig verlaufen. Holzblöcke werden der Länge nach aufgeschnitten und mit den Außenseiten erneut zusammengeleimt. Hierdurch werden beim Arbeiten des Holzes gewisse Gegenkräfte wirksam, die das Verziehen zu einem Großteil mindern.

In der Hauptsache sollen ausgesuchte, abgelagerte, astfreie und trockene Linden-, Erlen- und Pappelhölzer verwendet werden. Hartholzarten wie Weißbuche, Ahorn und Eiche sind für Aufbauten und Kleinteile sowie Schnitzereien geeignet. Neben Balsaholz kann auch Abachiholz für Modellrümpfe genommen werden. Diese beiden Holzarten sind extrem leicht und gut zu bearbeiten. Bedingt durch die Struktur des Materials wird hier die Gefahr des Arbeitens des Holzes weitestgehend vermieden. Da diese Holzarten großporig sind, ist ein Überzug aus Polyester angebracht. Diese Kunststoffschicht härtet nicht nur das Holz und verhindert Beschädigungen, sondern bietet auch einen Schutz gegen Feuchtigkeits- und Temperatureinflüsse. Für Spanten, Decks usw. kommt Buchen- oder Birkensperrholz, möglichst vielschichtig und wasserfest verleimt, zur Verarbeitung. Die Rumpfbeplankung erfolgt vornehmlich mit Kiefern-, Eschen- oder Lindenholzleisten. Größere Flächen, z. B. von Knickspanten, können statt Leisten mit Sperrholzplatten beplankt werden. Rundstäbe aus Buchenholz sind das Ausgangsmaterial für Masten, Rahen u. ä. Die erforderlichen Hölzer und Leisten sind in Modellbau-Fachgeschäften und Heimwerker-Zentralen erhältlich bzw. müssen entsprechend den benötigten Abmessungen in einer Tischlerei zugeschnitten werden.

Von einer bestimmten Größe an lassen sich schwimmfähige Modellrümpfe aus Metall anfertigen. Als Material dient neben Messingblech überwiegend 0,33 bzw. 0,44 mm starkes Weißblech, das sich gut löten läßt. Gewichtsmäßig entspricht das Blech der Beplankung einer etwa 3 bis 5 mm starken Holzschicht. Da in der Praxis die Rumpfhaut meistens nur ca. 2 mm stark ist, ergibt sich ein erhöhtes Gewicht, das bei Booten über einem Meter Länge jedoch in Kauf genommen werden kann. Ein Blechrumpf besitzt eine höhere mechanische Festigkeit als ein Rumpf aus Holz, der auch einen Zusammenstoß oder ein Auflaufen auf einem steinigen Uferrand aushalten wird. Witterungs- und temperaturbedingte Strukturveränderungen, die zu Rissen im Holz führen, gibt es hier nicht.

Segelschiffe der vergangenen Jahrhunderte besaßen oftmals eine kupferne Unterwasserhaut. Für ihre Nachbildung eignet sich dünne Kupferfolie. Mit einer stumpfen Stricknadel oder einem Rändelrad wird die Rückseite der Folie eingedrückt, so daß hierdurch eine Imitation der Nietköpfe entsteht. Nach dem Beplanken mit der Kupferfolie wird diese mit Vitriol poliert oder man läßt die Oberfläche im Laufe der Zeit oxydieren und erhält mit der hellgrünen Patina ein antikes Aussehen.

Für Relinge, Geländer und sonstige Kleinteile wird Messingdraht in verschiedenen Durchmessern verarbeitet. Messingrohre dienen zur Lagerung von Schiffswellen und Steuerruder. Aluminiumbleche und -rohre finden bei Ausrüstungsgegenständen auf dem Deck Verwendung.
Die handelsüblichen 1, 1,5 und 2 mm starken Kunststoffplatten lassen sich sägen, bohren, schleifen, warm verformen und gut kleben. Sie können für Aufbauten, Türen, Luken usw. verwendet werden. Als Material für Kabinenhauben, Kajütfenster, Bullaugen u. a. dient hellblau-transparent eingefärbter Kunststoff oder glasklares Celluloid.

Die früher üblichen Tischlerleime, wie Platten- und Perlleime, werden heute im Modellbau nicht mehr verarbeitet, da sie nicht wasserfest sind. Die ausschließlich verwendeten Klebstoffe lassen sich in drei Gruppen einteilen. Da sind einmal die Schnellkleber, z. B. UHU-hart, RUDOL-hart, die schnell trocknen und abgesehen von großflächigen Verbindungen für alle Holz/Holz-Verklebungen gut geeignet sind. Mit den auf Kunstkautschuk- bzw. Kunstharzbasis bestehenden Kontaktklebern, z. B. UHU-Kontakt, UHU-coll, RUDOL-fix, Pattex, lassen sich auch größere Schichtverbindungen ausführen. Nach einer Trockenzeit von 5 bis 20 Minuten müssen die Teile paßgerecht zusammengefügt einige Sekunden fest aufeinandergepreßt werden. Je größer der Druck, umso höher die Bindefestigkeit. Die für fast alle Materialien geeigneten schnellhärtenden Zweikomponentenkleber, z. B. UHU-plus, STABILIT-express, bestehen aus einem Harz als Binder und einem Härter. Die Mischung erfolgt erst vor der Verarbeitung und die Klebung muß innerhalb von 5—8 Minuten beendet sein.

Ohne Werkzeug geht es nicht

Wenngleich es auch einige Schiffsmodellbauer gibt, die mit nur einem Schnitzmesser als Werkzeug ganz attraktive Kleinstmodelle erstellen, so kann dieses doch keinesfalls als Norm gelten. Der Bedarf an Werkzeug ist nicht nur von dem Material, der Bauweise und Größe des Modells abhängig, sondern wird mitbestimmt von dem Anteil der Verwendung vorgefertigter Teile. Im Zeitalter der Heimwerker besitzt mancher einiges Werkzeug bzw. einen mehr oder weniger gefüllten Werkzeugschrank. Wer in der Lage ist, für sein Hobby eine Mehrzweck-Kleinwerkzeugmaschine zu erwerben, wird diese bald nicht mehr missen mögen. Um dem Modellbauer Anregungen für den Aufbau oder Ergänzung seines Werkzeugbestandes zu geben, hier eine Aufstellung der erforderlichen Werkzeuge mit Möglichkeiten ihres Einsatzes.
Da das am meisten verwendete Material Holz ist, kommen in erster Linie Holzbearbeitungswerkzeuge in Betracht. Während für größere Holzstücke ein sogenannter Fuchsschwanz nützlich ist, lassen sich Leisten und kleinere Holzstücke mit einer Feinsäge auf das entsprechende Maß bringen. Furniere werden besser mit einer kräftigen Schere oder mit einem scharfen Messer, das an ein Stahllineal entlanggeführt wird, geschnitten. Für feinere Holzbearbeitungen und Erstellung von Ausschnitten leistet eine Laubsäge gute Dienste. Zu ihr gehört ein besonderes Holzbrett, das zur Schonung des Tisches auf diesen aufgespannt wird. Je dünner die zu sägenden Hölzer sind, umso feiner soll auch die Zahnung der einzelnen Sägeblätter sein. Beim Sägen müssen die Zähne nach unten zeigen. Je senkrechter die Säge beim Arbeiten gehalten wird, desto gerader werden die Schnittkanten. Gleichfalls ist ein Verkanten des

Sägeblattes zu vermeiden, da es hierbei leicht brechen kann. Bei den Ausschnitten muß vor dem Sägen ein Loch für das Sägeblatt in das Holz gebohrt werden. Am einfachsten erfolgt dieses mit einem Frittbohrer, wie er auch zum Vorbohren von Löchern für Holzschrauben benutzt wird. Ebenfalls geeignet ist ein Stichling. Während seine Spitze wie beim Frittbohrer ausgebildet ist, besteht sein Schaft aus einer Rundraspel, mit der sich beliebige Aussparungen herstellen lassen. Für Löcher unterschiedlicher Stärke ist eine kleine Handbohrmaschine mit einem Satz Spiralbohrer unentbehrlich. Je dünner ein Bohrer ist, umso schneller soll er sich drehen. Nur dann hält er sich gerade und bricht nicht so leicht ab. Bei Löchern in Metall wird an der betreffenden Stelle mittels Körner und Hammer eine kleine Vertiefung eingeschlagen. Hierdurch bekommt der Bohrer eine Führung und kann nicht wegrutschen. Da es schwierig ist, einen Holzklotz mit einer Handbohrmaschine so zu durchbohren, daß das Loch genau an der gegenüberliegenden Seite herauskommt, wird der Klotz von beiden Seiten angezeichnet und mit einem kleinen Bohrer jeweils bis zur Mitte gebohrt. Für den Bohrer in der endgültigen Stärke bedeutet das kleine Loch eine Führung.
Eine Handbohrmaschine läßt sich jedoch nicht nur zum Bohren von Löchern benutzen, sie ersetzt auch eine kleine Drehbank. Während die Bohrmaschine fest auf den Tisch oder in einen Schraubstock gespannt wird, kommt in das Bohrfutter das „Kleindrehteil", das nach Drehen der Handkurbel mit einer Feile oder Schmirgelpapier bearbeitet werden kann. Für das Zusammenhalten frisch geklebter Teile bis zum Austrocknen des Klebers gehören einige Schraubzwingen. Bei kleinen Teilen und dünnen Planken genügen oftmals starke Wäscheklammern. Störende Holzteile, die nicht mit einer Säge entfernt werden können, lassen sich durch einen Stechbeitel beseitigen.
Zur Grobbearbeitung der Holzrümpfe dient eine Raspel in Halbrundform. Für das Nacharbeiten ist eine Halbrund- oder Flachfeile geeigneter, da eine Raspel unerwünschte Risse in der Holzoberfläche hinterlassen kann. Danach folgt das Schleifen mit Glaspapier in immer feineren Körnungen. In der Praxis haben sich die selbst herzustellenden Glaspapierfeilen gut bewährt. Auf eine ca. 20 × 8 mm starke und 200—250 mm lange Leiste wird auf die eine Seite grobes und auf die andere Seite feines Glaspapier geklebt. Zum Anfassen bleibt an einem Ende der Leiste ein kleines Stückchen frei. Wenngleich die Lebensdauer dieses Hilfsmittels nicht groß ist, so lassen sie sich doch jeweils schnell wieder neu bekleben.
Bei der Verwendung fertiger Leisten kann in den meisten Fällen auf einen Hobel verzichtet werden. Dagegen gehören ein Hammer von ca. 150 g und einige Schraubendreher mit verschiedenen Breiten zur Ausrüstung. Gute Schraubendreher sind nicht keilförmig, sondern besitzen an ihrem unteren Ende einen kleinen Querschliff. Die Griffe sollen oval sein, damit sie gut in der Hand liegen und auch bei größeren Schrauben noch eine entsprechende Kraft ausgeübt werden kann. Das Angebot an Zangen ist verhältnismäßig groß. Für den Anfang genügen eine Kombinationszange, eine kleine Flachzange und ein Seitenschneider, der jedoch nicht zum Nägelziehen degradiert werden sollte. Nach Bedarf kann der Bestand durch eine Rundzange, eine Longgripzange und ähnliches ergänzt werden. Zum Halten kleiner Teile dient eine Pinzette.
Zur Vervollständigung sollten einige Meßgeräte nicht fehlen. Da wären ein Stahlbandmaß bzw. Zollstock, ein Anschlagwinkel, ein Zirkel, ein Innen- und

Außentaster sowie eine Reißnadel, denen nach Bedarf noch eine Schieblehre folgen kann. Darüber hinaus wird im Laufe der Zeit noch das eine oder andere Werkzeug erforderlich werden und hinzukommen.
Da immer noch der Spruch gilt: „Gutes Werkzeug, halbe Arbeit", sollte beim Einkauf von Schneidwerkzeugen auf gute Stahlqualität geachtet werden, während der Aufpreis für eine chromglitzernde Oberfläche unbedenklich eingespart werden kann.

Modellrümpfe – Bauformen und Bauweisen

Jeder Bau eines Schiffsmodells beginnt mit dem Rumpf. Er trägt nicht nur die Aufbauten und Ausrüstungsgegenstände, sondern bestimmt auch bei schwimmfähigen Modellen durch seine Größe, Form und sein Gewicht Fahreigenschaft und Zuladung.
Grundsätzlich lassen sich zwei Arten von Modellrümpfen unterscheiden, nämlich die aus Holz bzw. Kunststoff. Während in den Baukästen in zunehmendem Maße Kunststoffrümpfe mitgeliefert werden, bleibt für diejenigen Modellbauer, die ihr Modell nach einem Bauplan erstellen, in erster Linie Holz als Material. Gewiß liefert die Industrie auch Einzelrümpfe aus Kunststoff. Aufgrund der hohen Kosten für die Formherstellung bleibt die Auswahl jedoch gering und beschränkt sich auf solche Rumpfformen, die verschiedene Aufbauten erlauben. Für den vorbildgetreuen Nachbau sind sie selten geeignet.
Ursprünglich waren es drei Kunststoffe, die als Material für Rümpfe Verwendung fanden, nämlich Styropor, Polyester und Polystyrol. Den Schaumstoff **Styropor** — als Verpackungsmaterial bekannt — aus dem extrem leichte Rümpfe „geblasen" wurden, findet man heute nicht mehr. Die Rümpfe aus **Polyester** erfordern neben entsprechenden Formen eine Menge Handarbeit, so daß sie sich erst bei mehreren Stücken und im Eigenbau lohnen. Den größten Anteil stellen die industriell im Tiefziehverfahren gefertigten **Polystyrol**-Rümpfe.
Die Holzrümpfe unterscheiden sich durch ihre Spantformen und ihre Bauweisen voneinander. Früher häufig angewandt wurde die **Blockbauweise.** Neben einem großen Materialverbrauch sind ausgewählte Hölzer Voraussetzung für einen dauerhaften Schiffsrumpf. Gut geeignet für Stand- und Ansichtsmodelle in kleinen Größen. — Für einfache und unkomplizierte Rumpfformen ist die **Waagerecht-Schichtbauweise** angebracht, die sich für Modelle bis ca. 60 cm bewährt hat. — Die **Senkrecht-Schichtbauweise** wird dagegen bei besonders scharfen Rumpfformen angewendet. Speziell bei historischen Nachbauten und allen Segelschiffen, die einen Kiel besitzen. — Bei größeren Modellen wird am häufigsten von der **Leisten-Bauweise** Gebrauch gemacht, die geringes Gewicht mit großer Beanspruchbarkeit des Schiffskörpers verbindet. — Als materialsparend gilt die **Gemischtbauweise,** bei der der untere Teil des Rumpfes in der Waagerecht-Schichtbauweise und der darüberliegende Teil in der Leistenbauweise ausgeführt wird. Abweichend hiervon läßt sich auch der Bug und das Heck in der Block- bzw. Schichtbauweise erstellen, während für das Mittelteil die Leistenbauweise Anwendung findet. — Bei kastenähnlichen Rümpfen können anstelle der Einzelleisten zur Arbeitserleichterung auch Sperrholzstücke zum Beplanken verwendet werden.

Spantformen

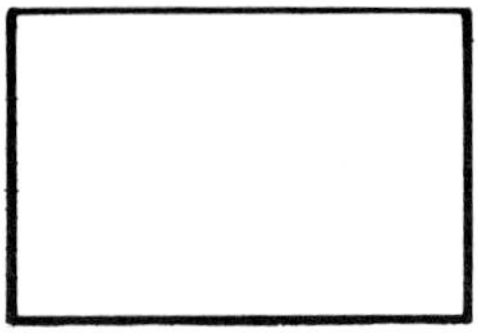

Kastenform

Trapezform

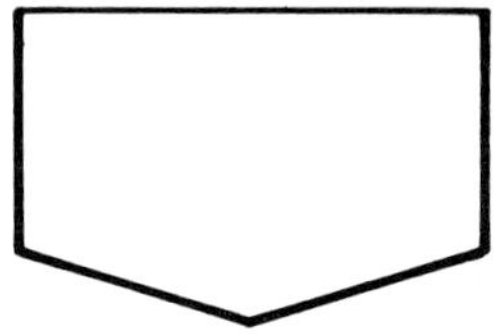

Knickspanter

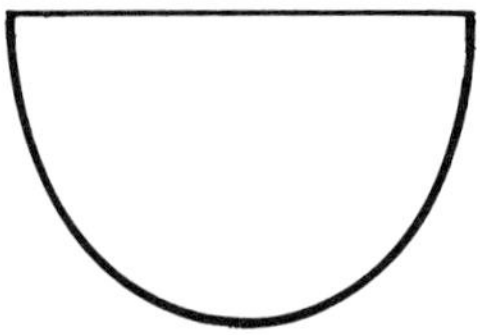

Rundspant

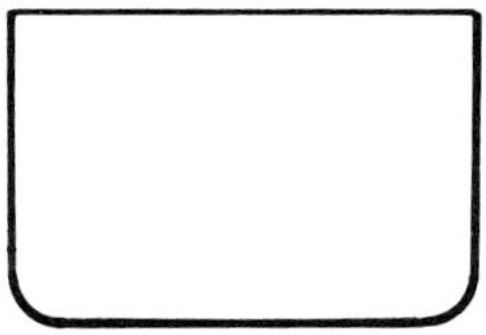

U-Spant

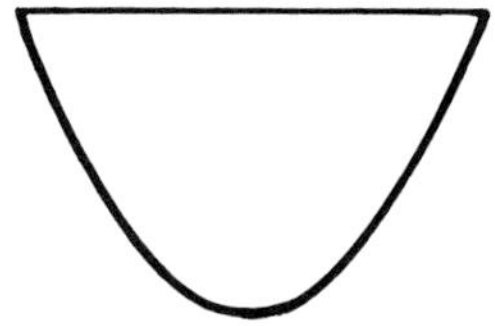

V-Spant

Bauweisen

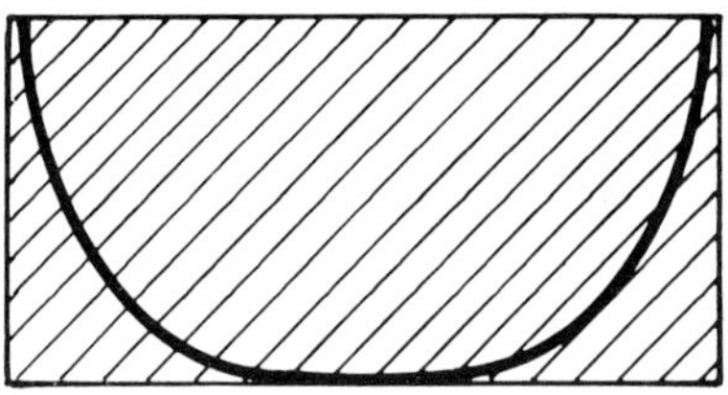

Blockbauweise

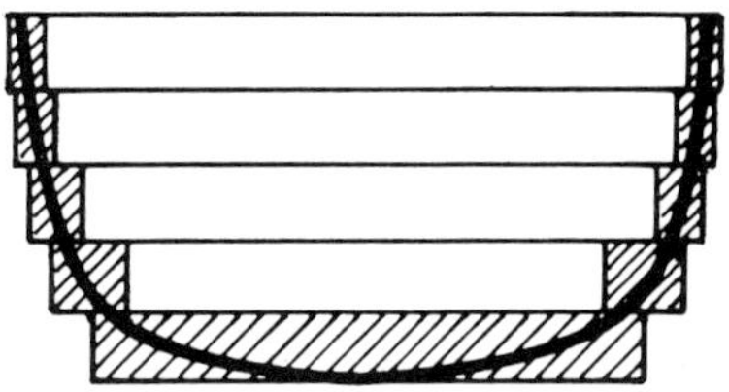

Waagerecht-Schichtbauweise

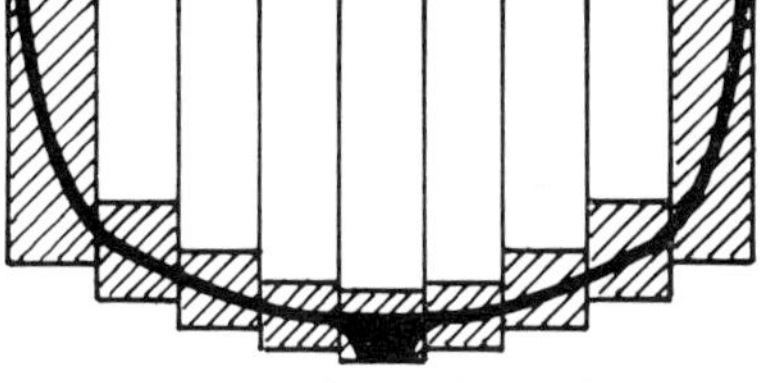

Senkrecht-Schichtbauweise

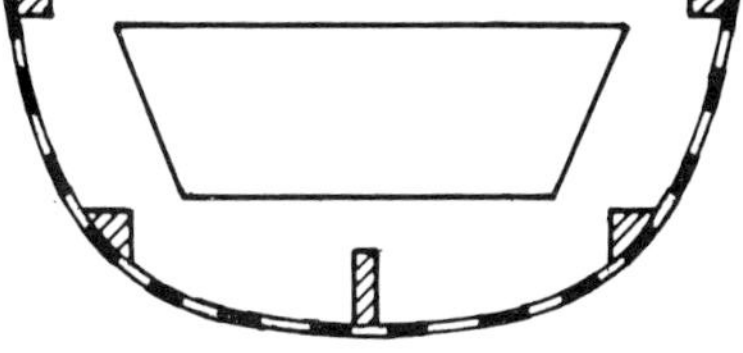

Leistenbauweise

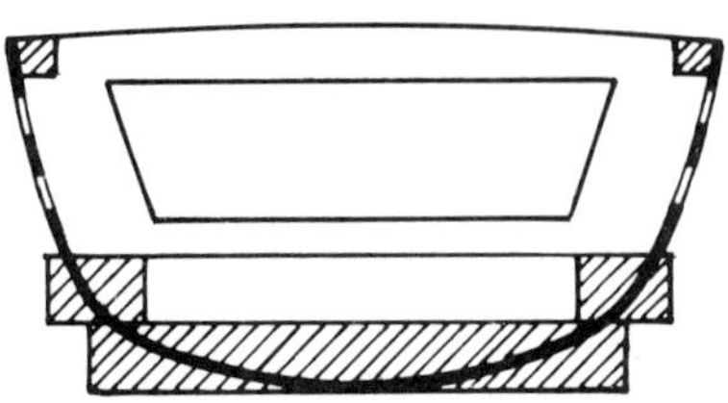

Gemischtbauweise

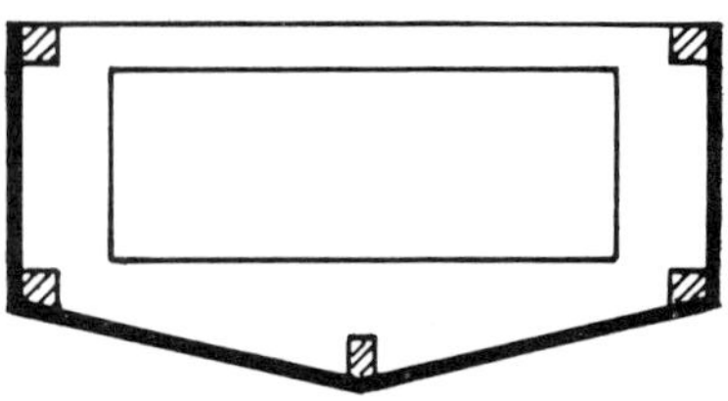

Plankenbauweise

Die Blockbauweise

Bei der Blockbauweise wird der Rumpf aus einem einzigen massiven Holzklotz gefertigt. Es entfallen hier die störenden Fugen der Schichtbretter, Leisten und Furniere. Wenngleich diese Bauweise für Modellrümpfe aller Größen geeignet ist, so wird sie in der Praxis doch nur für kleine und mittelgroße Rümpfe angewandt. Einmal erfordert die Herstellung großer Rümpfe in der Blockbauweise neben guten Fachkenntnissen in der Holzverarbeitung ausreichendes Werkzeug und qualitativ besten Werkstoff. Zum anderen dürfte auch der Holzpreis viele Modellbauer veranlassen, größere Rümpfe in einer holzsparenden Methode zu bauen. Für kleine Ziermodelle aller Art ist diese Bauweise jedoch gut anzuwenden. Besonders wirksam sind Modellrümpfe aus Mahagoni, Eichen- oder Teakholz, die im Naturholzton bleiben und später nur farblos weiterbehandelt werden. Für Rümpfe, die später einen Farbanstrich erhalten, läßt sich auch das weiche und leicht zu bearbeitende Linden- oder Erlenholz verwenden.
Aus der gewählten Holzart wird ein allseitig winkliger Block aus gut vorgetrocknetem und abgelagerten Kernholz zugerichtet. Die Länge, Breite und Höhe des Blocks muß um ein geringes größer als der fertige Rumpf sein. Dem ständigen Arbeiten eines solchen Holzklotzes kann dadurch begegnet werden, daß er innen ausgehöhlt wird. Um ein Verziehen eines massiv bleibenden Rumpfes vorzubeugen, wird der Holzklotz entlang seiner Mittellinie aufgeschnitten und beide Hälften mit ihren früheren Außenflächen zusammengeleimt.
Auf eine der beiden Seitenflächen des Klotzes wird der genaue Seitenriß vom Bauplan übertragen. Neben diesen Linien werden die Konstruktionswasserlinie und die einzelnen Spantlinien aufgezeichnet (1). Es folgt das Aussägen des Blocks (2). Hierbei muß der Sägeschnitt unbedingt rechtwinklig verlaufen. Nun werden die Decksumrisse festgelegt und ebenfalls ausgesägt (3). Zur weiteren Bearbeitung erhält der Rumpf eine erneute Markierung der Mittellinie und der Spantabstände. Die Anfertigung der Spantschablonen für die Außenhaut erfolgt nach dem Spantenriß. Mit einem Stecheisen werden im Abstand der Spantlinien den Schablonen entsprechende Nuten eingearbeitet (4). Nachdem alle Spanten den Schablonen angepaßt sind, lassen sich die stehengebliebenen Kanten mit Hobel, Raspel und Feile entfernen. Bei allen schwimmfähigen Rümpfen folgt das Ausarbeiten des Blockinnern. Der größte Teil des überflüssigen Holzes läßt sich herausbohren (5). Hierbei und bei dem späteren Nacharbeiten ist darauf zu achten, daß die Rumpfwand, deren Stärke je nach Größe des Modells 2—8 mm betragen soll, nicht beschädigt wird (6). Außentaster und Spantinnenschablonen sind unumgängliche Hilfsmittel.

Die Waagerecht-Schichtbauweise

Eine beliebte und häufig angewandte Bauart ist die Waagerecht-Schichtbauweise. Hierunter wird die Verbindung einer Anzahl Schichtbretter in waagerechter Lage zu einem Modellrumpf verstanden. Auch diese Bauweise kann für alle Modellgrößen Anwendung finden. In der Praxis liegt die obere Grenze bei ca. 60 cm langen Modellrümpfen, da der Materialbedarf sonst reichlich hoch wird. Die Abmessungen der einzelnen Bretter werden dem Bauplan ent-

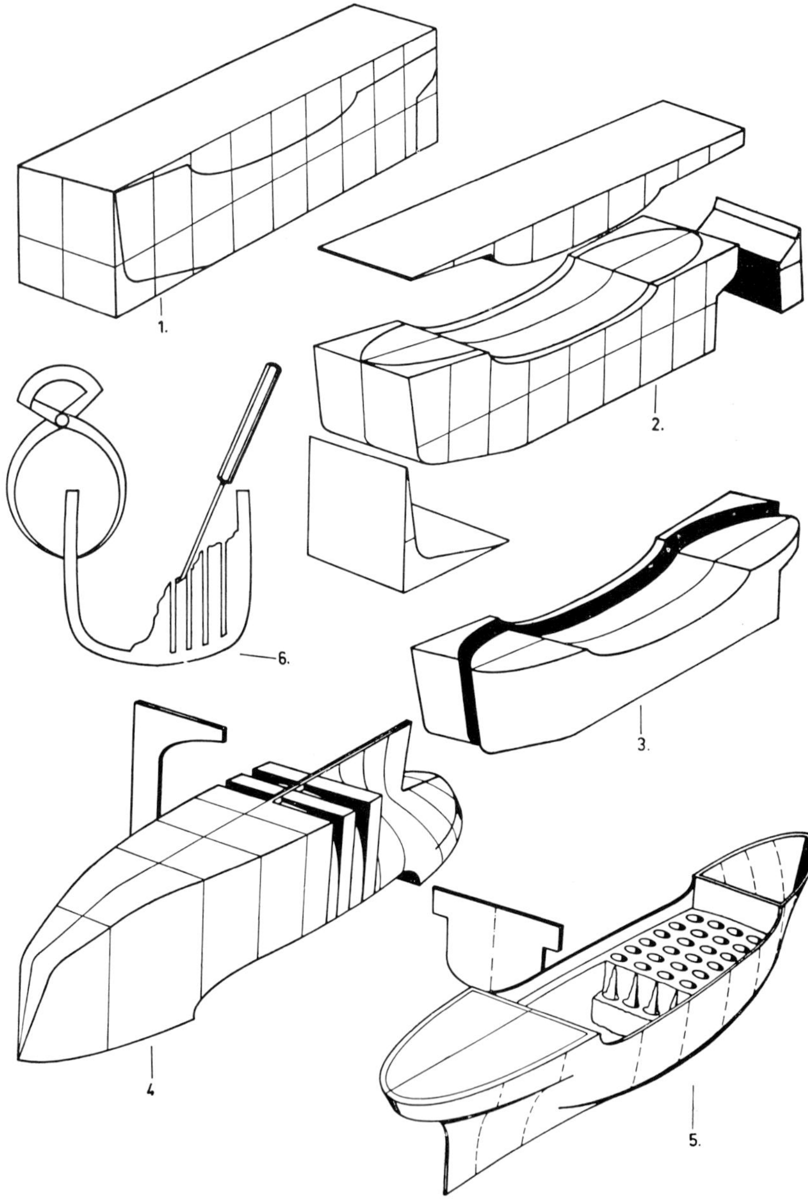

Die Blockbauweise

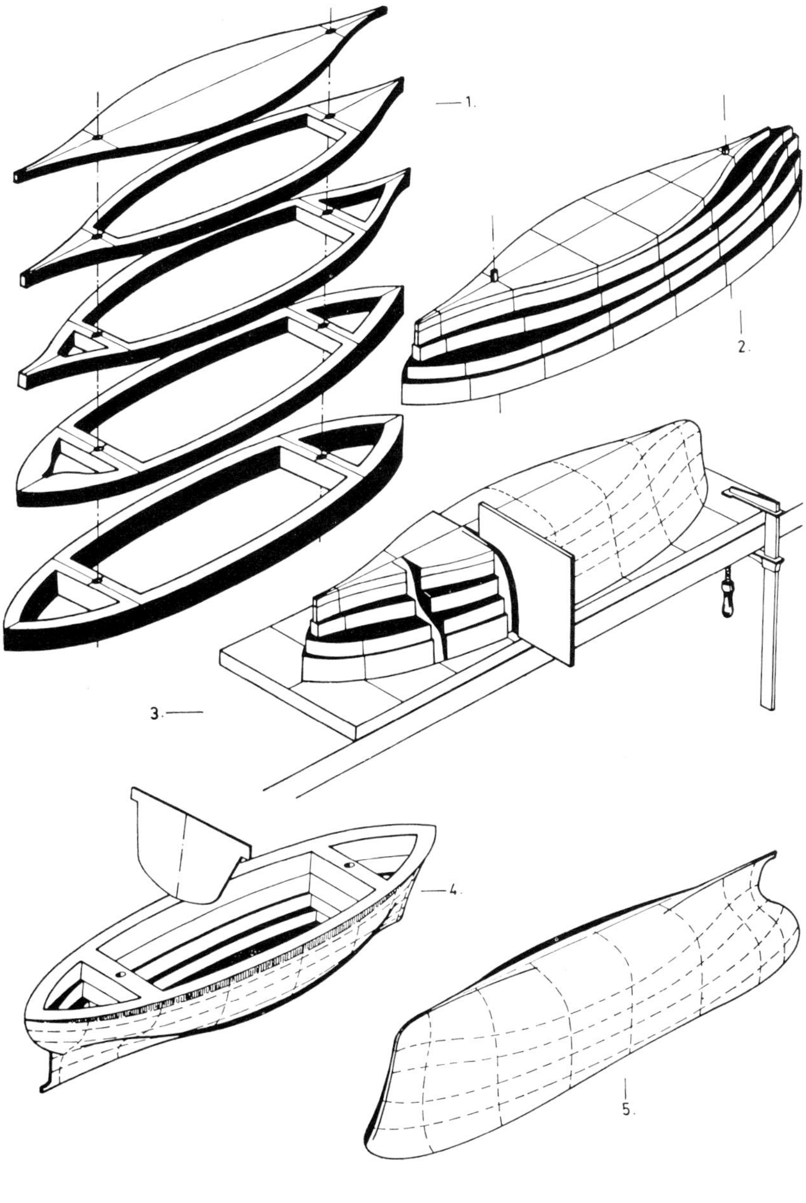

Die **Waagerecht-Schiffbauweise**

nommen. Während sich Länge und Breite aus dem Wasserlinienriß ergeben, geht die Stärke aus dem Längenlinienriß hervor. Hiernach werden die Bretter mit ihren Außenflächen und Kanten sauber auf die gegebenen Maße zugeschnitten. Um die Schichtbretter während der verschiedenen Arbeitsgänge in ihrer Lage festzuhalten, werden Stege zur Aufnahme von Paßstiften vorgesehen (1). Die Paßstifte sollen, je nach Größe des Rumpfes, 4 bis 10 mm stark sein. Nach dem probeweisen Zusammenstecken der Schichtbretter (2) werden die Umrisse jeweils auf der Oberfläche des nächstgrößeren Brettes nachgezogen. Da diese Linien die Wandstärke des Rumpfes nicht berücksichtigen, müssen parallel zu ihnen weitere Linien gezogen werden, nach denen die inneren Ausschnitte ausgesägt werden. Vor dem Zusammenleimen der Bretter wird das Hellingbrett mit Mittel- und Spantlinien versehen und die Paßstifte stramm eingesetzt. Um die Schichtbretter nach dem Verleimen zusammenzuhalten, wird ein möglichst gut abgerichtetes, mit zwei Aussparungen für die Paßstifte versehenes Brett bereitgelegt. Da der Rumpf über Kopf verleimt wird, kommt zuerst die oberste Schicht des Rumpfes (Deck) über die Paßstifte auf das Hellingbrett. In der richtigen Reihenfolge werden die übrigen Schichtbretter mit Leim oder Klebstoff bestrichen und in gleicher Weise auf die Paßstifte geschoben. Auf diesen Holzstapel kommt nun das vorbereitete Brett. Mit mindestens zwei Schraubzwingen wird alles so zusammengepreßt, daß aus den einzelnen Fugen etwas Leim herausquillt. Wenngleich auch das Abbinden des Leimes innerhalb weniger Stunden erfolgt, bleiben die Schichtbretter ein bis zwei Tage in der Pressung. Somit ist die Gewähr einer restlosen Austrocknung des Bindemittels gegeben und die Gefahr eines Verziehens gebannt. Bei der Verwendung von Kontaktklebern ändert sich der Arbeitsvorgang entsprechend der Verarbeitungsvorschrift des Klebers. Nunmehr kann der Rumpf mit Stecheisen, Raspel, Feile und Glaspapier formgebend weiter verarbeitet werden (3). Zur Kontrolle dienen die nach dem Spantenriß angefertigten Spantschablonen. Danach wird das Rumpfinnere bearbeitet. Es werden die Stufen der einzelnen Schichten abgetragen und die Stege für die Paßstifte entfernt. Für das Rumpfinnere werden Spantinnenschablonen verwendet (4). Zur weiteren Bearbeitung des Rumpfes können jetzt Wellenhosen, Ruderaufhängung und Deck angebracht werden (5).

Die Leistenbauweise

Während die Block- und Schichtbauweise speziell bei größeren Modellrümpfen einen verhältnismäßig hohen Materialaufwand erfordern, ist der Holzbedarf bei auf Spanten gebauten Rümpfen wesentlich geringer. Da sehr viele Schiffsmodelle nicht nur schwimmfähig und mit einem Antrieb versehen, sondern auch ferngesteuert werden, wird für diese größeren Modelle fast ausschließlich von der Leistenbauweise Gebrauch gemacht. Der Bau erfolgt auf einem allseitig abgerichteten Hellingbrett. Der Spantenriß wird durch Hinzufügen der Hellingstege ergänzt, um den Strak des Deckssprunges sauber durchbilden zu können. Nach der Ausarbeitung der Spanten werden diese auf dem Hellingbrett aufgestellt. Danach wird der Kiel aus Sperrholz eingepaßt und verleimt. Bei Bedarf ist eine Sponung vorzusehen, wie sie die Abbildung zeigt. Der Vordersteven (Bug) sowie der Achtersteven (Heck) des Rumpfes kann bei stark auf-

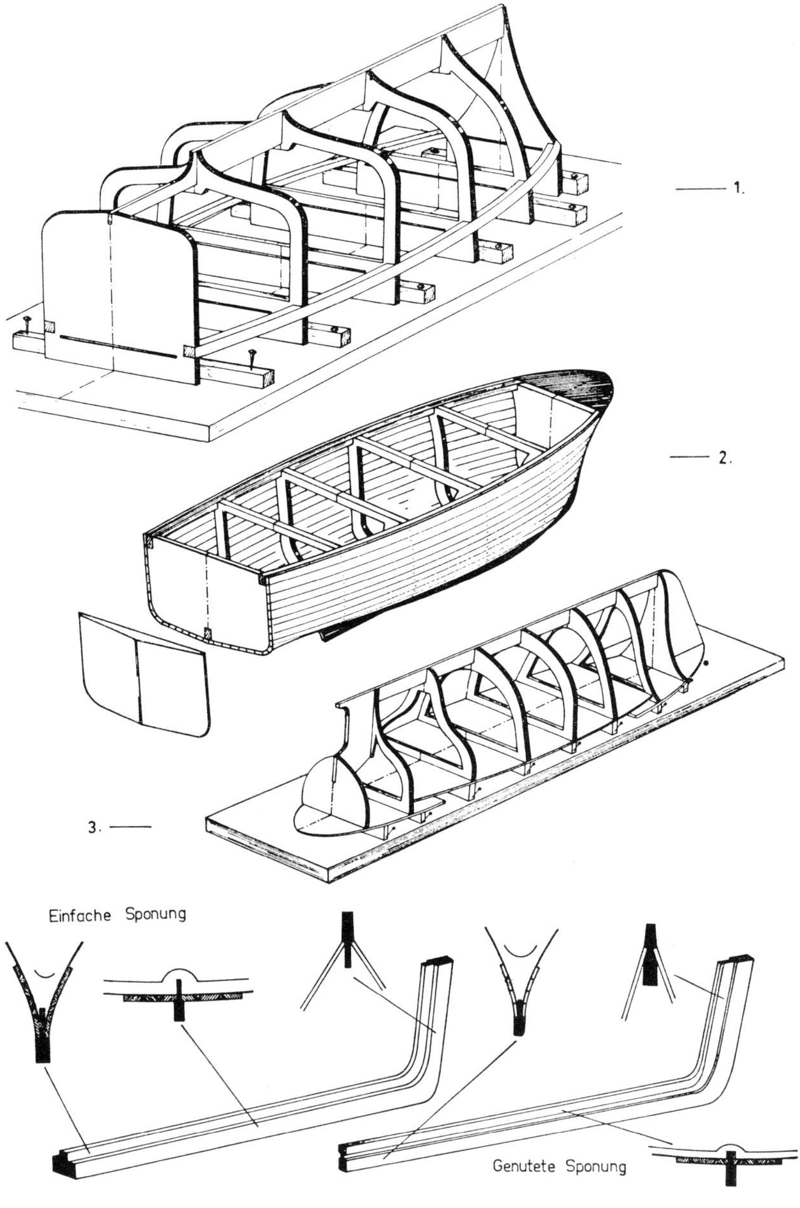

Die Leistenbauweise

tretenden Krümmungen aus einzelnen Schichten oder Klötzchen angefertigt werden. Zur Vervollständigung des Rumpfgerippes erfolgt der Einbau von Kimm- und Decksstringern in den Aussparungen der Spanten. Hierfür werden Kiefernleisten in den Abmessungen 4 × 4 bis 8 × 8 mm verwendet. Der unbeplankte Rumpf muß mit einer Latte ausgetrakt werden. Das heißt, die einzelnen Spanten dem Verlauf der Latte anzupassen und entsprechend der Form des Vor- und Achterschiffes zu schmiegen (1). Für das Beplanken werden Kiefernleisten gewählt. Je nach Größe des Rumpfes kommen zwei bis drei Millimeter starke und vier bis zehn Millimeter breite Leisten in Betracht. Soll der Rumpf später im Naturton bleiben, können auch Mahagonileisten verwendet werden. Das Aufbringen der Leisten beginnt von der Deckseite her und wird zum Kiel hin fortgesetzt. Das Beplanken mit den Leisten erfolgt wechselseitig. Dadurch wird vermieden, daß starke einseitige Spannungen auftreten und der Rumpf sich in der Längslinie verzieht. Für die Verleimung hat sich Hartklebstoff gut bewährt. Die einzelnen Leisten werden mit Stecknadeln oder dünnen Stahlstiften geheftet, die erst nach Fertigstellung des Rumpfes und Austrocknung des Klebers entfernt werden. Nach sorgfältigem Glätten des Rumpfes wird er vom Hellingbrett genommen und die Hellingstege mit einer Feinsäge abgetrennt. Bug- und Heckklötze werden im sauberen Übergang mit dem Rumpf verbunden (2).
Um ein späteres umständliches und zeitraubendes Einpassen mehrerer Decks zu umgehen, können schon beim Rumpfbau Schanzkleider und Süllkanten über Deckshöhe hochgezogen werden. Bei dem zum Beplanken fertigen Rumpf (3) wurden vorn und achtern ein weiteres Deck in den Bau mit einbezogen. Die Hellingstege müssen hier besonders hoch gehalten werden. Der Vorteil liegt darin, daß der Rumpf einschließlich mehrerer Decks in einem fortlaufenden Arbeitsgang erstellt werden kann.

Polyester für stabile Rümpfe

Die Rümpfe von Ruder- und Segelbooten sowie kleineren Motorbooten bestehen heute vielfach aus Polyester. Dieser Werkstoff ist vollkommen wasserdicht und schwindet, fault und reißt nicht. Nachdem Polyesterharze mit allem Zubehör von der Industrie in gebrauchsfähigen Packungen angeboten werden, hat dieses Material auch im Schiffsmodellbau seinen Einzug gefunden. Es ist der einzige Kunststoff für Modellrümpfe, der auch von dem Modellbauer verarbeitet werden kann. Der Nachteil für den Eigenbau liegt darin, daß vorher eine entsprechende Form angefertigt werden muß. Diese zusätzliche Arbeit scheuen viele Modellbauer, so daß sich zwecks Arbeitsteilung oftmals mehrere Interessenten für den gleichen Rumpf die Form gemeinsam fertigen. Da die Herstellung viel Handarbeit erfordert, stoßen sich andere Modellbauer an den Preisen der in Kleinserien gefertigten und im Handel angebotenen Rümpfe.
Im Gegensatz zu einer Reihe anderer Kunststoffe benötigt das Polyesterharz zu seiner Verarbeitung weder Druck noch Wärme. Ohne die Einbettung von Glasfasermatten wäre das ausgehärtete Polyesterharz jedoch unelastisch und spröde. Das Hartwerden des zähflüssigen Polyesterharzes erfolgt nicht durch Austrocknung, sondern durch eine chemische Reaktion — der Polymerisation — in der Harzmasse. Bedingt durch diese Eigenschaft darf die Mischung der Be-

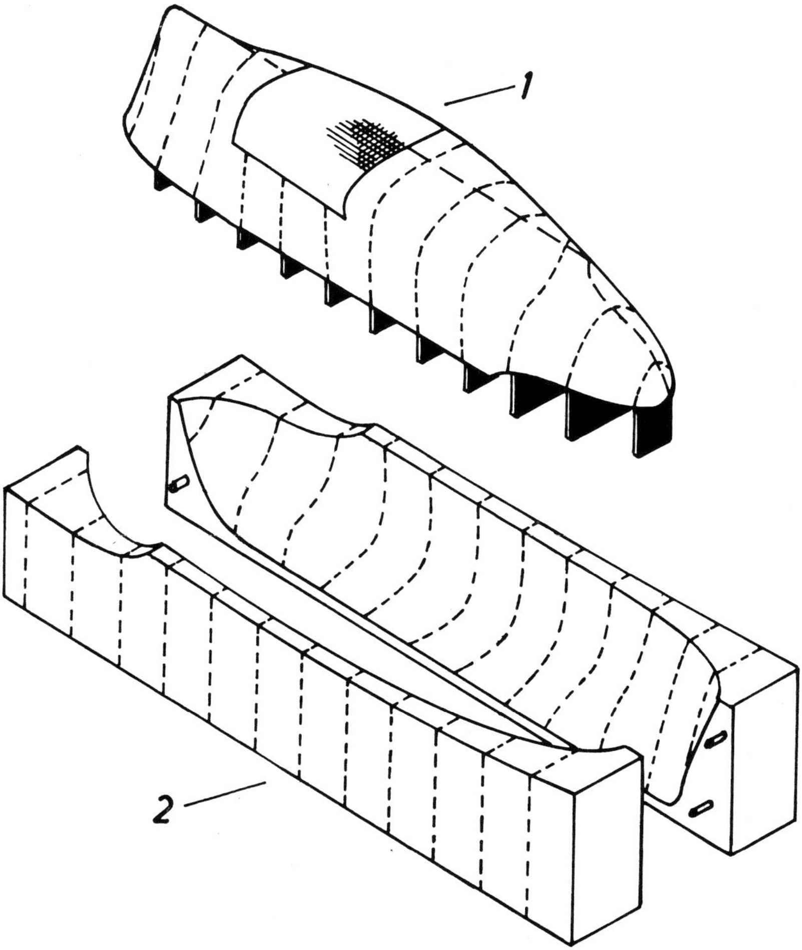

standteile erst vor dem Verarbeiten erfolgen, und auch dann nur soviel wie in 10—20 Minuten verbraucht werden kann. Das gehärtete Harz kann spanabhebend bearbeitet, also gesägt, gebohrt, geschliffen und gefräst werden.

Ein Polyesterrumpf ist wesentlich stabiler als ein Holzrumpf und erlaubt, durch das Fehlen von Spanten, eine günstigere Raumausnutzung im Innern des Bootes. Der zeitliche Aufwand ist jedoch größer, da ein Polyesterrumpf immer eine Form voraussetzt. Diese Form soll eine genaue Abbildung des zu bauenden Rumpfes sein. Hierbei wird zwischen einer Positiv- und einer Negativ-Form unterschieden. Bedingt durch die Verarbeitungsweise wird die glattere Seite immer diejenige sein, die der Form zugewandt war. Bei der Positivform (1)

kommt die glatte Fläche nach innen, während die rauhere äußere Fläche noch geschliffen werden muß. Bei der Negativ-Form (2) ergibt sich eine glatte Außenhaut, wobei die rauhe Innenseite nicht stört. Ein weiterer Vorteil dieser Methode liegt darin, daß in die noch nicht ausgehärtete Harzmasse vorbereitete Motorenfundamente bzw. Gewindemuttern eingebettet werden können, die äußerst fest mit dem Rumpf verbunden sind.
Unabhängig davon, ob das Positiv- oder Negativ-Verfahren gewählt wird, ist der weitere Verarbeitungsgang gleich. Um den Rumpf später von der Form trennen zu können, wird dieser dünn mit Trennlack überzogen. Danach erhält die Form eine dünne Harzschicht. Hierauf kommen die vorher zugeschnittenen, fugenlos aneinanderpassenden Glasmatten, die fest an die Formenwand gedrückt werden. Keinesfalls dürfen sich Luftblasen bilden. Wird mit den einfachen Flächen in der Mitte des Rumpfes begonnen, geht die Arbeit an den schwierigeren Stellen von Bug und Heck dann besser von der Hand. Es folgt eine Schicht Harz. Je nach der gewünschten Rumpfstärke werden diese Vorgänge wiederholt, wobei die Glasmatten versetzt aufeinander gebracht werden sollen. Überstände von Glasmattengewebe und Harz lassen sich während des Geliervorganges mit einem Messer oder einer Schere entfernen. Nach dem Aushärtungsprozeß ist dieses nur noch mit einer Säge möglich.

Tiefgezogene Polystyrolrümpfe

Schon vor einer ganzen Reihe von Jahren fanden die thermoplastischen Kunststoffe ihren Einzug in den Schiffsmodellbau. Der hier hauptsächlich verwendete Kunststoff ist Polystyrol. Während früher Polystyrol fast ausschließlich in der Spritzgußtechnik verarbeitet wurde, ist nach der Entwicklung neuer Typen mit erhöhter Schlagfestigkeit auch die Fertigung dieses Werkstoffes zu Platten und Folien möglich. Der besondere Vorteil dieses Kunststoffes liegt darin, daß er absolut wasserundurchlässig ist, nicht quillt oder schwindet und weder rostet noch fault.
Wenngleich auch der Modellbauer selbst keine Kunststoffrümpfe im Tiefziehverfahren herzustellen vermag, so besteht doch andererseits die Möglichkeit, solche Rümpfe zu erwerben und zu verwenden. Die in den Schiffsmodellbaukästen enthaltenen Rümpfe bestehen heute zum überwiegenden Teil aus industriell tiefgezogenem Kunststoff. Das Angebot an Einzelrümpfen beschränkt sich auf bestimmte Bootstypen und -größen, wodurch ihr Einsatz in Grenzen liegt.
Die Rümpfe für Modellboote werden im Tiefziehverfahren aus 1—2 mm starkem Plattenmaterial hergestellt, wobei letzteres während der Verformung auf über 100 Grad Celsius erwärmt wird. Aber nicht nur Rümpfe, sondern auch komplette Aufbauten lassen sich aus diesem Material fertigen. Die Kunst der Herstellung liegt darin, den Kunststoff bei der Formgebung wärmemäßig so zu behandeln, daß er eine möglichst gleichmäßige Stärke behält. Er darf also an den Kanten und Ecken nicht zu dünn werden oder gar einreißen. Nachdem die ersten im Handel erschienenen Rümpfe einen milchig-weißen Farbton zeigten, ist man heute in der Lage, auch farbige Rümpfe zu fertigen. So erübrigt sich für den weniger anspruchsvollen Modellsportler ein besonderer Farbanstrich.

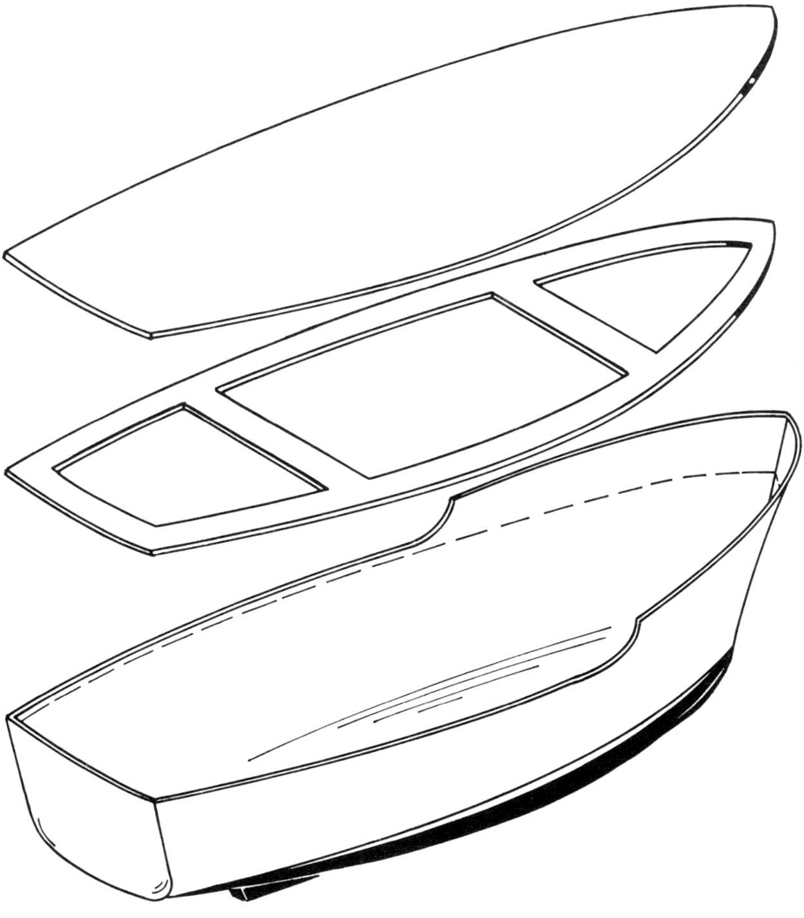

Für die Stabilisierung des Rumpfes und der Befestigung der Decksaufbauten gibt es mehrere Möglichkeiten. Eine bewährte Befestigungsmethode zeigt die nebenstehende Abbildung. Aus stärkerem Karton wird eine Schablone von der Innenkontur des Decksumrisses ausgeschnitten. Danach werden zwei Sperrholzbrettchen von ca. 2 mm Stärke zusammengeheftet und nach der Schablone ausgesägt. Eines der Brettchen erhält nach dem Auseinandertrennen innen Aussparungen und 2 bis 3 Stege. Dieses Brettchen dient als Decksauflage und gleichzeitig als Verstärkungsrahmen für die Rumpfschale. Die dauerhafte Verbindung mit dem Rumpf nach dem Einkleben beruht auf dem Auflösen des Kunststoffes durch Zellulosekleber. Dies erfordert einen sparsamen Klebstoffauftrag. Bei zu reichlicher Klebstoffverwendung kann der Kunststoff zu stark aufgelöst und damit deformiert werden. Danach folgt das Einpassen des

Decks. Es erhält entsprechend der Aufbauten eine Verriegelung zu den Querstegen des Deckrahmens, die verhindert, daß Deck und Aufbauten sich vom Rumpf lösen können.
Eine weitere Methode zur Decksbefestigung besteht darin, den oberen Rand des Rumpfes innen durch eine Leiste zu versteifen. Diese Leiste dient gleichzeitig dazu, das Deck mit dem Rumpf zu verbinden. Bei größeren Rümpfen ist der Einbau einiger Spanten zu empfehlen, um die Gesamtstabilität zu erhöhen. Hierbei ist unbedingt darauf zu achten, daß sich die Spanten gut der Rumpfform anpassen, um die geschwungene Linie der Außenhaut in ihrer Form nicht zu beeinträchtigen. Eine gewisse Festigkeit wird schon dadurch erreicht, daß das Deck, in das vorher ein oder mehrere Ausschnitte gearbeitet wurden, fest mit der im Rumpf umlaufenden Leiste verleimt wird.

Aufbauten, Beschläge und Zubehör

Mit Aufbauten werden beim Schiffsmodell alle die Teile bezeichnet, die auch beim Vorbild fest mit dem Deck verbunden sind, z. B. Brücke, Ruderhaus, Masten, Schornstein, Davits, Treppen, Relinge usw. Die Aufbauten nehmen auf Deck nicht nur den größten Platz ein, sondern befinden sich auch an den höchsten Stellen des Modells. Zwei Gründe, um die Aufbauten möglichst leicht zu bauen. Schwere Aufbauten erhöhen das Gesamtgewicht, so daß die Gefahr besteht, daß das Modell tiefer als vorgesehen in das Wasser eintaucht. Gleichzeitig verschiebt sich der Schwerpunkt nach oben. Je höher aber der Schwerpunkt liegt, umso labiler wird die Lage des Modells im Wasser. Im Extremfall würde das Modell infolge Kopflastigkeit kentern. Eine weitere Forderung an die Aufbauten besteht darin, daß sie sich leicht vom Rumpf lösen lassen, um im Bedarfsfall schnell an die Einbauten wie Stromquelle, Motor, Steuer- und Rudereinrichtungen zu gelangen. In der Praxis werden die Aufbauten daher als zusammenhängende Einheit gefertigt, die nach Lösen von Verriegelungen o. ä. als Ganzes entfernt wird.

Aufbauten eines Feuerlöschbootes aus 1 mm Hartpapier. Lediglich das gewölbte Deck wurde aus Balsaholz gefertigt

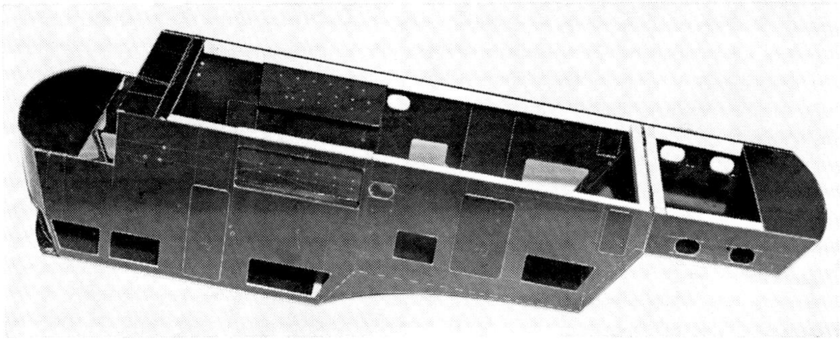

Nochmals die gleichen Aufbauten. Deutlich erkennt man im Inneren die Verstärkungsleisten

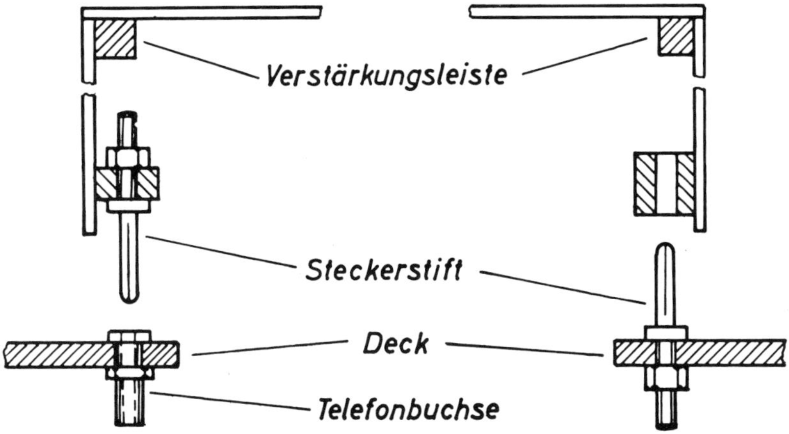

Als Material für Aufbauten bietet sich neben dem leichten Balsa- oder Abachiholz 1 mm starkes Hartpapier (Pertinax) an, das an den Verbindungsstellen durch quadratische Kiefernleisten verstärkt wird. Die glatten Oberflächen erfordern weder Spachteln noch Schleifen, lediglich ein leichtes Anrauhen, damit der Lack besser hält. Als Verbindung zwischen Deck und Aufbauten haben sich die 4 mm Einbausteckerstifte bewährt. Wenngleich die Stifte auch direkt in das Holz gesteckt werden können, ergeben Telefonbuchsen ohne Lötansatz eine bessere und haltbare Führung. Die Stecker können sowohl innerhalb der Aufbauten wie auch im Deck befestigt werden, wobei sich die Löcher bzw. Buchsen im anderen Teil befinden.
Zu den Beschlägen zählen die Ausrüstungsgegenstände wie Nagelbank, Winden, Beiboote, Geschütze, Navigations- und Signalgeräte, Anker, Ketten, Bullaugen, Flagstöcke u. a. aus Holz, Plastik und Metall. Das Angebot der Industrie an Beschlägen ist recht groß, sowohl in der Vielfalt wie auch in den

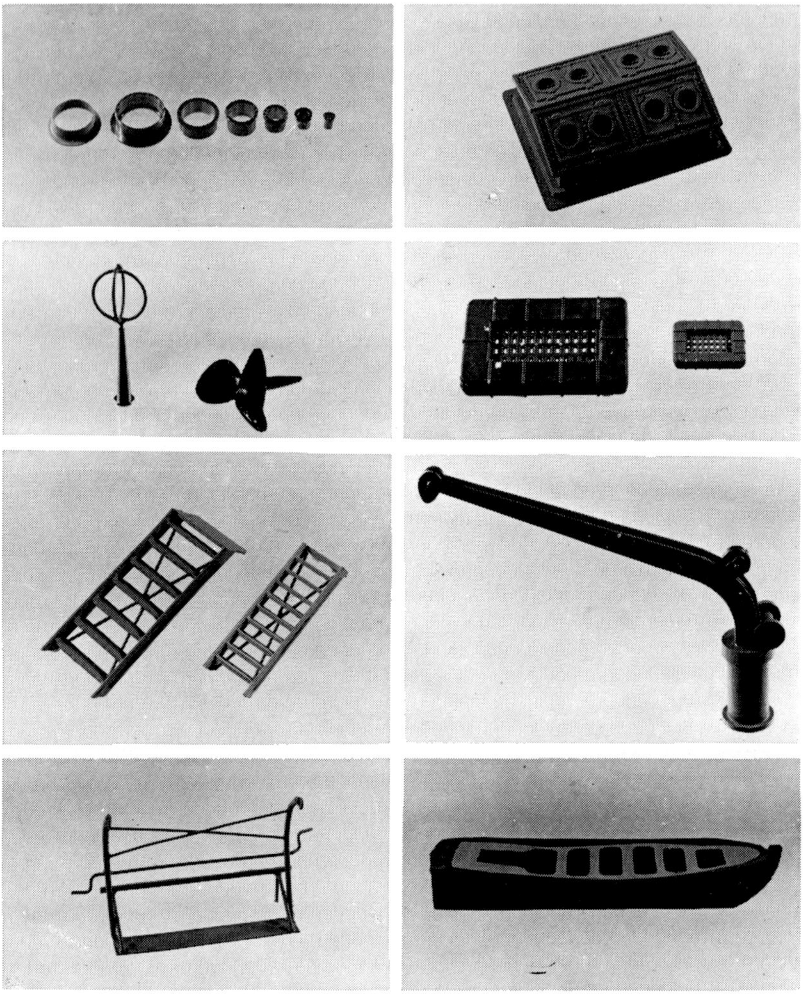

Aus dem großen Angebot an Beschlagteilen: Von links oben: Bullaugen, Oberlicht, Peilrahmen, Peiler, Schraube, Rettungsfloß, Leitern, Bootskran, Davit und Kutter

Weitere Beschläge, von links oben: Frachtwinsch, Ankerwinsch, Netzwinde, Radarschirm, Zwillingsgeschütz, Scheinwerfer, Steuerräder und Anker

Die achteren Brückenaufbauten

Abmessungen, so daß sich für jeden Modellmaßstab das Passende finden läßt. Spezielle Teile für Sonderschiffe müssen dagegen in den meisten Fällen von Hand gefertigt werden. Eine Reihe von Modellbauern haben es hierin zu einer solchen Vollendung gebracht, daß es auf einem Foto unmöglich zu unterscheiden ist, ob die Aufnahme von dem Original oder einem Modell stammt.
Unter Zubehör fällt alles das, was sich nicht in die beiden vorgenannten Gruppen einordnen läßt, vom Klebstoff und Lack über Stromquelle, Motor, Welle, Schraube bis zur Fernsteueranlage.

Oberflächenbehandlung

Der Gesamteindruck eines Schiffsmodells wird weitestgehend von seiner Oberfläche mitbestimmt. Die meisten Modelle erhalten einen Farbüberzug. Ausgenommen hiervon sind die historischen Modelle und die edelholzfurnierten

Rohrleitungen, Ventile und Gasbehälter

Sportboote. Ihre Naturholzrümpfe und Aufbauten können gebeizt, gewachst oder farblos lackiert werden. Diese Behandlung erfordert den geringsten Aufwand, wenn bereits vor Baubeginn versucht wird, möglichst unterschiedlich getöntes Holz in den Bau mit einzubeziehen. Modelle mit Naturholzflächen müssen besonders sorgfältig gebaut sein, da Ausbesserungen sehr leicht erkennbar sind. Kleinere Stellen lassen sich in einigen Fällen durch eine Mischung von Hartkleber mit Schmirgelstaub des gleichen Holzes ausbessern.
Bei den farbigen Modellen wird in den meisten Fällen ein Kunstharzlack mit dem Pinsel aufgetragen. Die schnelltrocknenden Nitrolacke eignen sich nur zum Spritzen oder zum Arbeiten aus einer Sprühdose. Diese Methoden scheitern aber oft an dem Fehlen einer Spritzpistole bzw. eines geeigneten Raumes. Beim Spritzen bildet sich ein Farbnebel, der sich an alle passenden und noch mehr an alle unpassenden Stellen niederschlägt. Bei Rümpfen mit verschiedenen Farben des Über- und Unterwasserteils muß der eine Teil jeweils vollständig abgedeckt werden.
Eine unsaubere Lackierung kann ein noch so akkurat und vorbildgetreu nachgebautes Modell so entstellen, daß weder der Erbauer noch der Betrachter

ihre Freude daran haben. Wenn teilweise auch die Ansicht vertreten wird, daß eine einwandfreie und glatte Farboberfläche nur durch Spritzen zu erreichen ist, so hat die Praxis schon oft das Gegenteil bewiesen. Um mit einem Pinsel eine gute und saubere Lackoberfläche zu erreichen, sind neben ausreichenden Trockenpausen drei Voraussetzungen zu erfüllen:

Glatte Oberfläche, staubfreier Pinsel und **sauberer Lack.**

Die meisten Modellrümpfe und Aufbauten bestehen aus Holz. Je feiner ihre Oberflächen geschliffen wurden, umso weniger Zeit erfordern die folgenden Arbeitsgänge. Gewiß lassen sich Unebenheiten in der Oberfläche durch Spachteln und Schleifen beseitigen. Diese zusätzlichen Arbeiten erfordern aber auch gleichzeitig Trockenpausen für den Spachtel, die bei einer ausreichenden Vorbehandlung des Holzes entfallen. Zur Festigung von Balsa- und Abachiholzrümpfen können diese solange mit Polyester eingestrichen werden, bis das Harz nicht mehr in das Holz eindringt. Bei allen anderen Holzarten verhindert eine Behandlung mit Isoliergrund ein starkes Aufsaugen der Farbe durch das Holz. Abhängig von der Art des Holzes weist die Oberfläche mehr oder weniger große Poren auf. Bevor aber versucht wird, die Poren mit Spachtel oder Porenfüller zu schließen, werden alle Teile erst einmal mit Vorstreichfarbe gestrichen. Auf ihr haftet später der Spachtel nämlich viel besser als auf dem rohen Holz. Außerdem füllt die Vorstreichfarbe mit dem ersten Anstrich schon eine Reihe feinster Haarrisse aus. Nach dem Trocknen der Spachtelmasse wird die behandelte Fläche mit 320er Schleifpapier geschliffen. Hierauf folgt wieder ein Anstrich mit Vorstreichfarbe; trocknen lassen und schleifen. Diese Vorgänge müssen solange wiederholt werden, bis die Oberfläche vollkommen glatt ist. Der Vorteil einer reichlichen Verwendung von Vorstreichfarbe gegenüber der Spachtelmasse liegt nicht zuletzt darin, daß die Farbe schneller trocknet und damit den ganzen Arbeitsgang verkürzt. Eine helle Vorstreichfarbe ergibt stets eine leuchtendere Farbe, als wenn sie in dem gleichen Farbton der Lackfarbe gehalten wird.

Bei Rümpfen und Aufbauten aus Kunststoff ist diese Oberflächenbehandlung nicht erforderlich. Es ist jedoch darauf zu achten, daß nicht kurz vor dem Auftragen der Lackschicht mit einem Tuch oder Pinsel der Staub entfernt wird. Hierdurch würde eine statische Aufladung entstehen, bei der die Farbe vom Pinsel zum Kunststoff gezogen wird. Die Reinigung sollte mindestens 1—2 Stunden vor dem Lackieren erfolgen, damit die statische Aufladung langsam abklingen kann.

Zum Lackieren dient ein ca. 3/4—1 Zoll breiter, aber nicht zu weicher Flachpinsel. Wer nicht für jeden Lackiervorgang einen neuen Pinsel verwenden will, muß nach jedem Lackieren den Pinsel sorgfältig reinigen. Dieses geschieht durch restloses Ausstreichen auf Papier und Auswaschen in der Lackverdünnung. Danach Pinsel trockenstreichen. Letzte Lackreste können mit heißem Wasser und Seife herausmassiert werden. Der noch nach dem Trocknen in dem Pinsel befindliche Staub wird durch Bewegen der Pinselhaare entfernt. Da die Farben und Lacke der einzelnen Firmen in ihrem Aufbau, d. h. in der Zusammensetzung ihrer Grundstoffe, voneinander abweichen können, ist der besseren Verträglichkeit halber Spachtel, Vorstreichfarbe und Lackfarbe von einem Hersteller zu verwenden. Lackfarben sollte man nicht verdünnen, da sich hier die ursprüngliche Zusammensetzung ändern kann. Neuer Lack ist in allen Fällen sauber, älterer, körnig gewordener Lack läßt sich mit Erfolg durch einen Damenstrumpf filtern. Vorbedingung für eine einwandfreie Lackierung ist auch ein staubfreier Raum. Ebenfalls sollte auf die eigene Kleidung geachtet werden, denn Fusseln von Wolljacken tragen kaum zur Güte einer Lackschicht bei. Die beste Temperatur für den Lack und das zu lackierende Stück liegt bei ca. 20° C. Wer das Bestreben des Lackes kennt, an jeder Erhöhung emporzuklettern, wird auch die Forderung nach absoluter Staubfreiheit verstehen. Jedes Schleifkorn, das sich noch auf der Oberfläche befindet, vergrößert sich beim Lackieren. Manche Modellschiffe sehen dann so aus, als wenn sie vor dem Lackieren mit Sandpapier beklebt wurden.

Ausgenommen bei Kunststoffteilen muß vor dem Beginn der Lackierung nochmals der restliche Schleifstaub entfernt werden. Für den gröbsten Staub genügt ein Lappen. Was dieser nicht schafft, nimmt bestimmt der Handballen herunter. Man wird sich wundern, wieviel sich hieran noch absetzt. Hinterher natürlich die Hände waschen. Eine andere Möglichkeit besteht darin, Glaserkitt über die zu lackierende Fläche abzuwälzen.

Jetzt endlich kann der erste dünne Lackanstrich erfolgen. Nach ca. 3 Tagen Trockenzeit die Flächen leicht überschleifen. Nochmals alles gut staubfrei machen und die zweite dünne Lackierung auftragen. Wieder drei Tage warten und dann vorsichtiger Naßschliff mit 320er Papier. Dieser Schliff soll nur soweit gehen, daß alle Flächen matt sind. Keinesfalls darf die Lackschicht bis auf die Vorstreichfarbe durchgeschliffen werden. Nach einem nochmaligen Staubfreimachen kann die endgültige Lackierung erfolgen. Beim letzten Mal wird die Lackfarbe etwas satter genommen, gerade so, daß sie noch nicht läuft. Nach Möglichkeit sind die zu lackierenden Flächen in eine waagerechte Lage zu bringen. Lackiert werden jeweils nur kleine Flächen. Lack aufklecksen, verteilen und leicht in der Längsrichtung verstreichen, dann nächste Fläche Lack aufklecksen, verteilen, verstreichen usw. Mag die Fläche aussehen wie sie will, jetzt muß der Lack in Ruhe gelassen werden. Mit nachträglichen Ausbesserungen erreicht man nichts mehr, im Gegenteil, man kann nur noch etwas verderben. Der Lack verteilt sich von allein und bildet selbständig eine glatte Oberfläche. Runde Teile werden beim Lackieren zweckmäßigerweise gedreht, damit der Lack Gelegenheit hat, sich gut zu verteilen. Wer Wert auf einen Seidenglanz legt, kann nach einer angemessenen Trockenzeit die Lackoberfläche noch mit Schwabbelmasse behandeln.

Um scharfe Trennlinien der einzelnen farblich unterschiedlichen Teile zu erhalten, werden Deck, Aufbauten usw. vor dem Zusammenbau lackiert. Zur Erzielung einer sauberen Trennung zwischen Über- und Unterwasserschiff wird die zuerst lackierte Fläche mit einem Streifen Tesafilm in der Wasserlinie abgedeckt. Kurz nach Beendigung der zweiten Lackierung muß der Tesafilm wieder vorsichtig entfernt werden.

Da der Bau eines Schiffsmodells nicht das Werk einiger Stunden oder Tage ist, sondern viel Arbeit erfordert, sollte auch bei der für das Aussehen so entscheidenden Oberflächenbehandlung die Geduld nicht verloren gehen. Um das Innere des Modells vor Feuchtigkeitseinflüssen zu schützen, erhält es ebenfalls einen Lacküberzug, wobei Spachteln und Schleifen entfällt und alte Lacke aufgebraucht werden können.

Maßstabsgerechter Nachbau

Mit Eigenkonstruktionen werden alle die Modellboote bezeichnet, die sich an ein großes Vorbild anlehnen, ohne es jedoch in allen Einzelheiten zu übernehmen. Dieses betrifft in erster Linie Sport- und Rennboote sowie Motorjachten, bei denen der Modellbauer seine eigenen Ideen und Vorstellungen verwirklicht.
Beim maßstabsgerechten Nachbau handelt es sich dagegen darum, das Modell in möglichst vielen Einzelheiten dem Vorbild ähnlich zu gestalten. Der Sprachgebrauch versteht unter dem Begriff Ähnlichkeit nicht diejenige Genauigkeit, die bei einem guten Modell erwartet wird. Mathematisch bedeutet Ähnlichkeit jedoch die höchste Vollkommenheit einer Nachbildung. Das Gesetz über die Ähnlichkeit stammt von Froude, einem englischen Schiffsbauer aus dem vergangenen Jahrhundert und besagt:

Bei geometrisch ähnlichen Schiffen verhalten sich

1. die linearen Maße (Breite, Tiefgang usw.) wie die Längen,
2. die Flächenmaße (Fläche des Hauptspants, der Segel usw.) wie die Quadrate der Längen,
3. die Rauminhalte und Gewichte (Verdrängung, Kräfte, Widerstände) wie die dritten Potenzen der Längen,
4. die Geschwindigkeiten, die geometrisch ähnliche Wellenbilder erzeugen wie die Quadratwurzeln der Längen.

Zu 1: Das Verhältnis der Längen nennt man den (Längen-)Maßstab. Sind z. B. das Vorbild 100 m und das Modell 100 cm lang, so ist der Modellmaßstab 100 : (100 × 100) = 1 : 100. Hiernach lassen sich alle linearen Abmessungen des Modells errechnen, wenn die entsprechenden Maße des Vorbildes bekannt sind.

Zu 2: Ähnliche Flächen verhalten sich nicht im Verhältnis ihres Maßstabes zueinander, sondern im Quadrat der Längen. So weist z. B. das Modell eines Segelbootes von 15 m^2 Segelfläche beim Maßstab 1 : 10 eine Segelfläche von 15 : (10 × 10) = 0,15 m^2 auf.

Zu 3: Da sich die Rauminhalte in der dritten Potenz ändern, nämlich in der Länge, Breite und Tiefe, verachtfacht sich die Verdrängung bei einer Verdoppelung der Modellänge bzw. verringert sich bei halbierter Länge auf $^1/_8$.

Zu 4: Die Modellgeschwindigkeit ist gleich der Originalgeschwindigkeit geteilt durch die Quadratwurzel aus dem Verkleinerungsmaßstab. Die vorbildgetreue Geschwindigkeit des Modells eines Schnelldampfers mit 32 Kn im Maßstab 1 : 200 wäre dann 32 Kn : $\sqrt{200}$ = 32 Kn : 14,1 → 2,27 Kn. Grundlage dieser Formel ist die Erkenntnis, daß die Bewegung des Modells im Wasser nur dann der des Vorbildes ähnlich erscheint, wenn die Wellenbilder beim Vorbild und Modell geometrisch ähnlich sind.

Verhalten schwimmfähiger Modelle

Gewiß läßt sich ein Schiffsmodell in der Vorstellung bauen, ob es schwimmen oder untergehen wird, zeigt sich ja bei der Probefahrt. Ein Modellbauer sollte aber nicht nur die Begriffe Schwerkraft, Auftrieb, Schwerpunkt, Stabilität und Zuladung kennen, sondern auch in der Lage sein, schon vor dem Bau durch Überlegungen und Berechnungen offene Fragen zu klären.
Die Anziehungskraft der Erde ist darauf gerichtet, alle Körper, ob fest oder flüssig, dem Erdmittelpunkt zu nähern. Diese Kraft, auch **Schwerkraft** genannt, wird als Gewicht empfunden und in g oder kg angegeben.
Nach Archimedes (3. Jahrhundert v. Chr.) ist der **Auftrieb** die Kraft, die jeden in eine Flüssigkeit getauchten Körper nach oben in entgegengesetzter Richtung zur Schwerkraft zu treiben sucht. Infolge des Auftriebes erleidet der Körper eine Gewichtsverminderung, die gleich dem Gewicht der Flüssigkeitsmenge ist, die von dem eintauchenden Körper verdrängt wird. Diese Erkenntnis bedeutet, daß die durch ein Schiffsmodell verdrängte Wassermenge in cm^3 gleich dem Modellgewicht in Gramm ist, oder besser ausgedrückt: Wenn das Volumen des bis zur KWL (Konstruktionswasserlinie) eintauchenden Modellrumpfes bekannt ist, läßt sich hieraus ableiten, wie schwer das Modell einschl. einer Zuladung sein darf, um diese Lage im Wasser einzunehmen. Soll das Gewicht eines zu bauenden Schiffsmodells nicht sehr genau im voraus bestimmt werden, genügt eine einfache Überschlagsrechnung. Eine genauere Bestimmung ist durchaus möglich, wobei sich in Abhängigkeit der Rumpfform der Simpsonschen Regel oder der Trapezformel bedient wird. Daneben lassen sich die einzelnen Spanten auf Millimeterpapier zeichnen, die Quadrate auszählen und so die Verdrängung ermitteln.
Eine Überschlagsrechnung erfolgt nach der Formel: Wasserverdrängung = Länge × Breite × Tiefgang × Delta. Mit Delta wird der Völligkeitsgrad des Rumpfes bezeichnet. Er ist am Original und Modell gleich. Der Völligkeitsgrad ist umso größer, je plumper der Rumpf ist. Es wird verständlicher, wenn man sich einen Block vorstellt, aus dem das Unterwasserschiff eines Modells herausgearbeitet werden soll. Er entspricht in seinen Abmessungen der größten Länge und Breite sowie dem Tiefgang. Der unbearbeitete und noch kantige Block hat als Delta die Zahl 1. Bei der Formgestaltung des Unterwasserschiffes wird vom Klotz etwas weggenommen. Mit seiner Verkleinerung wird gleichzeitig auch Delta geringer. Je schlanker und schnittiger ein Schiff im Rumpf wird, desto kleiner ist Delta. Die Abmessungen der Länge und Breite sowie der Tiefgang (Entfernung vom Kiel zu KWL) werden dem Bauplan entnommen. Doch woher kommt der Wert von Delta? Da sich die Formen der Rümpfe innerhalb eines Schiffstyps ähneln, haben sich eine Reihe von Annäherungswerten ergeben, die folgender Tabelle entnommen werden:

Schnellboot, Zerstörer	0,50
Kreuzer	0,52
Schlachtschiffe, Fischdampfer	0,55
Schlepper	0,58
Schnelldampfer	0,60
Fracht-/Passagierschiffe	0,75
Tankschiffe	0,78

Wenngleich diese Werte bewußt niedrig gehalten wurden, so wird zweckmäßigerweise das Gewicht nach unten und nicht nach oben abgerundet. Ballast läßt sich nämlich immer noch zuladen, um das Modell gleich dem Original bis zu seiner KWL eintauchen zu lassen.
Hierzu ein kleines Rechenbeispiel: Modellänge eines Frachtschiffes 110 cm, Breite 16 cm und Tiefgang 6,5 cm. Bei einem Delta von 0,75 ergibt sich: $110 \times 16 \times 6{,}5 \times 0{,}75 = 8\,580$. Da das Ergebnis immer in Gramm erscheint, bedeutet es, daß das Modell in allem 8580 Gramm bzw. 8,580 Kilogramm wiegen darf. Hierbei handelt es sich um das Gesamtgewicht, das sich aus dem Rumpf, den Aufbauten und Ausrüstungsgegenständen, der Antriebsanlage und Stromversorgung, den Steueraggregaten und einem evtl. Ballast zusammensetzt.
Genau genommen wirken Schwerkraft und Auftrieb wie auch andere Kräfte auf jedes kleinste Teil des Modells. Da nun jede Kraft einen bestimmten Ansatzpunkt haben muß um wirksam zu werden, muß auch die Vielzahl der Ansatzpunkte durch einen einzigen Ansatzpunkt für die Gesamtkraft ersetzt werden. Diesen Zweck erfüllt der **Schwerpunkt.**
In dem Gewichtsschwerpunkt (G) kann man sich die Gewichte der einzelnen Teile im Modell punktförmig in der Weise zusammengeballt vorstellen, daß G allein soviel wiegt wie das ganze Modell, und daß das Modell selbst nur ein gedachtes Gebilde ohne jegliche Substanz sei. Die richtige Schwerpunktlage gewährleistet, daß ein Modell lotgerecht schwimmt. Liegt G nicht in der Mittschiffsebene sondern seitlich, so führt dieses zur Schlagseite oder gar zum Kentern. Der richtige Abstand vom Bug oder Heck ist nicht so kritisch, weil eine etwaige unrichtige Längslage von G in der Praxis durch eine Trimmänderung meistens verhältnismäßig leicht ausgeglichen werden kann. Wichtig ist die Höhenlage von G, nämlich die Strecke von K (Kielpunkt) bis G ($\overline{K\,G}$).
Rechnerisch läßt sich die Schwerpunkthöhe ermitteln, wenn die jeweiligen Gewichte und Schwerpunkte der einzelnen Modellteile bekannt sind. Die für alle Rumpfformen gültige Schwerpunktformel lautet:

$$\overline{K\,G} = \frac{\overline{K\,g_1}\,p_1 + \overline{K\,g_2}\,p_2 + \overline{K\,g_3}\,p_3 + \dots\dots}{p_1 + p_2 + p_3 + \dots\dots}$$

Darin bezeichnen die Strecken $\overline{K\,g_1}$, $\overline{K\,g_2}$ usw. die Höhen der einzelnen Schwerpunkte über K. Unter p_1, p_2 usw. sind die Gewichte der Modellteile zu verstehen, deren Summe dem Modellgewicht P entspricht, so daß unter dem Bruchstrich anstelle aller Einzelgewichte einfach P eingesetzt werden kann.
Zusammenfassend kann gesagt werden: Die Schwerkraft entspricht dem Modellgewicht P, sie konzentriert sich auf den Gewichtsschwerpunkt G und bildet den gewichtlichen Mittelpunkt des Modells. Wird diese Erkenntnis sinngemäß beim Auftrieb angewandt, so muß der Auftrieb dem Gewicht der verdrängten Wassermenge entsprechen. Folglich ist der Auftriebsschwerpunkt der gewichtliche Mittelpunkt der verdrängten Wassermenge. Dieser Punkt wird jedoch nicht Auftriebsschwerpunkt, sondern Verdrängungs- oder Formschwerpunkt (F) genannt. Er ist zugleich der räumliche Mittelpunkt des unterhalb der Wasser-

linie befindlichen Rumpfteiles. Seine Lage ist von der jeweiligen Rumpfform abhängig.

Neben der Schwimmfähigkeit eines Modells sollten vor dem Bau Gedanken über die **Stabilität** angestellt werden. Unter Stabilität versteht man die Eigenschaft eines Schiffes lotrecht zu schwimmen und sich aus einer durch äußere Einflüsse z. B. Wind, Seegang hervorgerufenen Krängung aus eigener Kraft wieder aufzurichten, sobald die neigende Einwirkung aufgehört hat. Die Wichtigkeit dieser Frage zeigt sich oftmals schon bei der Materialwahl für hohe Aufbauten oder bei der Entscheidung zwischen niedrigen Batterien oder einem höheren Akkumulator. Bekannt ist, daß ein breites Schiff weniger leicht kentert als ein schmales. Die Breite spielt bei der Stabilität eine gewisse Rolle, wenn auch keine allein ausschlaggebende. Hierzu ein kleines Beispiel: Wird anstelle eines flachen Brettes ein Balken gleicher Länge und Breite mit quadratischem Querschnitt ins Wasser gebracht, so läßt sich dieser trotz seines größeren Gewichtes sehr viel leichter aus dem Gleichgewicht bringen als das flache Brett. Die Stabilität vergrößert sich zwar mit der Breite, sie verringert sich aber mit zunehmendem Gewicht bzw. bei größerer Verdrängung. Ein Schiff wird immer dann stabil sein, wenn sich sein Metazentrum (M) über dem Gewichtsschwerpunkt befindet. Zur Bestimmung von M muß sowohl der Gewichtsschwerpunkt G wie auch der Formschwerpunkt F bekannt sein.

Abbildung 1 zeigt neben den Teilkräften g_1—g_4 die beiden Schwerpunkte G und F. Die Abmessungen dieses aus Brettern blumenkastenförmig gebauten „Modells" sind: Länge 100 cm, Breite 10 cm und Seitenhöhe 10 cm. Das Gewicht des 1 cm starken Bodenbrettes beträgt 700 g (p_1), das der ausgesetzten Seiten- und Querwände 650 g (p_2). In den Kasten kommt ein E-Motor mit Welle und Schraube von 250 g (p_3) und ein Akku mit 1400 g (p_4). Das Gesamtgewicht von 3000 g entspricht einem Volumen von 3000 cm^3. Bei einer Grundfläche von 1000 cm^2 ergibt sich eine Eintauchtiefe von 3 cm. Nachdem

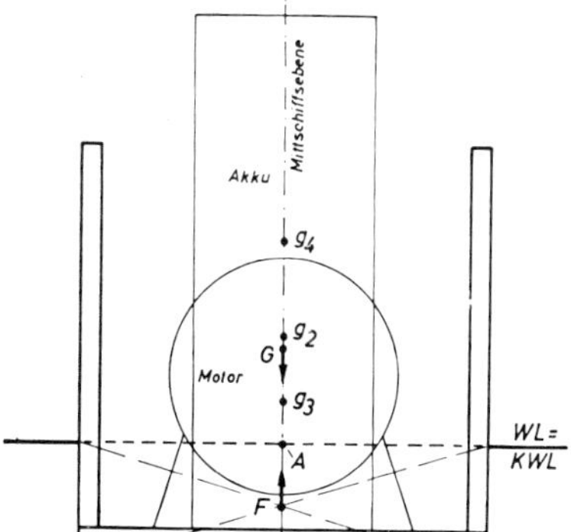

Abbildung 1

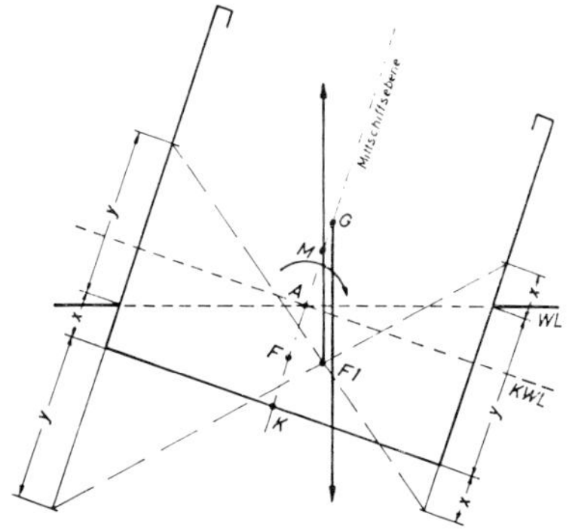

Abbildung 2

die Einzelgewichte p_1—p_4 bekannt sind, werden jetzt die Gewichtsschwerpunkte g_1—g_4 über den Kielpunkt K ermittelt. Bei dem 1 cm starken Bodenbrett ist die Höhe von g_1 gleich der halben Brettstärke, nämlich 0,5 cm. Der Schwerpunkt der Bordwände g_2 liegt auf ihrer halben Höhe zuzüglich der Stärke des Bodenbrettes auf dem sie stehen, also 4,5 plus 1 cm = 5,5 cm. Die Schwerpunkte der Einbauten g_3 und g_4 liegen bei 4 cm bzw. 8 cm. Diese Werte werden in die oben angeführte Formel eingesetzt, die dann wie folgt lautet:

$$\frac{0{,}5\ \text{cm} \times 700\ \text{g} + 5{,}5\ \text{cm} \times 650\ \text{g} + 4\ \text{cm} \times 250\ \text{g} + 8\ \text{cm} \times 1400\ \text{g}}{700\ \text{g} + 650\ \text{g} + 250\ \text{g} + 1400\ \text{g}} =$$

$$\frac{350\ \text{cmg} + 3575\ \text{cmg} + 1000\ \text{cmg} + 11200\ \text{cmg}}{3000\ \text{g}} = \frac{16125\ \text{cmg}}{3000\ \text{g}} = 5{,}4\ \text{cm}$$

Damit läßt sich G in einer Höhe von 5,4 cm über den Kielpunkt K eintragen. Durch G verläuft die Schwerkraftlinie, angedeutet durch den abwärtsgerichteten Pfeil. Bei einem räumlich symmetrisch geformten Rumpf muß auch der Formschwerpunkt F in der Mittschiffsebene liegen, und zwar bei einem rechteckigen Unterwasserquerschnitt im Schnittpunkt der Diagonalen. Durch F verläuft die Kraftlinie des Auftriebs, gekennzeichnet durch den aufwärtsstrebenden Pfeil. Die entgegengesetzten Kraftlinien der Schwere und des Auftriebs decken sich in der Mittschiffsebene. Es liegt nahe anzunehmen, der Kasten befinde sich im Gleichgewicht, denn beide Kräfte sind gleich groß, so daß sie einander aufheben. Die Zeichnung beweist zwar, daß hier ein Gleichgewicht vorliegt. Ob es sich dabei um ein labiles oder stabiles Gleichgewicht handelt, geht hieraus nicht hervor. Das muß aber unbedingt ermittelt werden, denn nur ein Schiff mit einem stabilen Gleichgewicht ist seetüchtig. Da ein Schiff stets neigenden Einflüssen ausgesetzt ist, verharrt es praktisch nie in einer völlig senkrechten Lage. Von dem Modell wird aber gefordert, daß es auch im geneigten Zustand noch stabil ist.

In Abbildung 2 wurde deshalb eine Stabilitätszeichnung für eine geneigte Lage wiederholt, wobei der Kasten um seine Längsachse A in der Wasserlinie gedreht wird. Schwerkraft und Auftrieb ändern sich hierdurch nicht. Infolge der Krängung taucht die eine Seite tiefer in das Wasser, während sich die andere Seite hebt. Der Unterwasserquerschnitt ist nun nicht mehr rechteckig sondern trapezförmig. In deren Folge verschiebt sich der Formschwerpunkt zur eintauchenden Seite nach F_1. Bei der zeichnerischen Ermittlung von F_1 werden die unterhalb der WL (Wasserlinie) befindlichen Teile der Seitenwände als Strecken x und y bezeichnet. Auf den verlängerten Seitenwänden wird jeweils auf- und abwärts das eingetauchte Teilstück der gegenüberliegenden Seite angesetzt. Die so gefundenen vier Endpunkte werden diagonal verbunden. Im Schnittpunkt befindet sich F_1. Während es bei normalen Schiffsformen recht schwierig ist F_1 zu ermitteln, genügt im Modellbau, die ungefähre Lage zu kennen. Wichtig ist zu wissen, daß sich F bei einer Krängung stets zur eintauchenden Seite verschiebt. Der Gewichtsschwerpunkt bleibt dagegen an seinem alten Platz. Nunmehr decken sich die beiden Kraftlinien nicht mehr, sondern laufen in einem gewissen Abstand aneinander vorbei. Im Schnittpunkt der aufwärtsstrebenden Kraftlinie des Auftriebes mit der Mittschiffs-

ebene liegt das Megazentrum M. Um es vorweg zu nehmen — bei diesem „Modell" liegt G oberhalb des Megazentrums. Ein solches Schiff wäre daher unstabil und sein Bau zwecklos. Um hier Abhilfe zu schaffen, bieten sich zwei Möglichkeiten an. Entweder muß M über G angehoben oder aber G unter M gesenkt werden. In allen Fällen sollte M wenigstens 1 % der Länge unter G liegen. Am einfachsten wird dieses durch eine Verbreiterung erreicht.
Bei der Zeichnung eines geneigten Schiffes darf die Krängung nicht zu stark gewählt werden, da sich hier die Breite vergrößert und somit eine Stabilität in dieser Lage bestehen kann. Solche Zeichnung läßt wohl erkennen, ob das Modell in der gezeichneten Krängung stabil ist oder nicht. Sie vermag aber nicht ohne weiteres zu beweisen, daß das Modell auch von sich aus die lotrechte Schwimmlage einnimmt. So kann ein Schiff durchaus im aufrechten Zustand oder bei geringer Neigung unstabil sein, mit Zunahme der Krängung jedoch stabil werden. Als typisches Beispiel gelten die mit einer Decksladung Holz schlagseitig fahrenden Frachtschiffe. Um möglichst hoch laden zu können, verzichtet man bewußt auf die Stabilität im aufrechten Zustand und begnügt sich mit einer Stabilität in geneigter Lage. In einem solchen Fall hat es gar keinen Sinn, etwa zu versuchen eine aufrechte Schwimmlage durch Verschieben von Gewichten zur austauchenden Seite auszubalancieren. Das Schiff wird vielmehr lediglich zur anderen Seite krängen, und zwar mehr als zuvor.

Verdrängungsschiff und Gleitboot

Hydrodynamisch d. h. wasserphysikalisch gesehen, lassen sich zwei Grundtypen von Unterwasserschiffen unterscheiden. Mit Unterwasserschiff wird derjenige Teil des Rumpfes bezeichnet, der im Wasser schwimmt, also unterhalb der KWL (Konstruktionswasserlinie).
Alle Fracht- und Passagierschiffe sowie Zweckfahrzeuge sind ausschließlich Verdrängungsschiffe. Sie verdrängen soviel Wasser in Litern, wie ihr Gewicht in Kilogramm beträgt. Wird das Schiff in Fahrt gesetzt, verdrängt es zu jeder und bei jeder Geschwindigkeit dieselbe Menge Wasser wie im Stillstand. Sein Schiffsboden ist fast eben, die Bordwände sind senkrecht und laufen am Bug keilförmig zusammen.
Zu den Gleitbooten gehören alle Außenbordmotorboote, die meisten Kabinenkreuzer und die Schnellboote. Solange ein Gleitboot gestoppt im Wasser liegt, unterscheidet es sich hydrodynamisch überhaupt nicht von einem Verdrängungsschiff. Abweichend von dem Verdrängungsschiff besitzt der Rumpf des Gleitbootes in Höhe der Wasserlinie einen Knick in der Außenhaut. Er verläuft vom Spiegel zum Bug etwas ansteigend. Bei Fahrt verdrängt das Gleitboot erst einmal genau so viel Wasser wie ein Verdrängungsschiff. Wird aufgrund der meist starken Motoren die Geschwindigkeit höher, entspricht der Sprung dem Anstellwinkel einer Flugzeugtragfläche und das Vorschiff gleitet aus dem Wasser, es hebt sich etwas heraus. Der eintauchende Bootsteil wird kleiner und verdrängt weniger Wasser. Dadurch sinkt der effektive Widerstand, das Boot fährt schneller, gleitet noch besser und höher hinaus. Das geht solange weiter, bis eine durch die Unterwasserkonstruktion und die

Ein Frachter als typisches Verdrängungsschiff

Beim Gleiten hebt sich das Boot vorne aus dem Wasser heraus

Motorenleistung gesetzte Grenze erreicht ist. Bei sich nach achtern verjüngenden Unterwasserschiffen bilden sich von der Mitte ab störende Wirbel, die das Boot in seiner Fahrt hemmen. Um diesem entgegenzuwirken und das Boot noch schneller zu machen, wird der Unterwasserteil etwa von der Mitte an, d. h. von seiner größten Breite aus parallel nach achtern durchgeführt. Das Boot ist dann am Spiegel genau so breit wie in der Mitte. Da sich hierdurch eine etwas eigenartige Rumpfform ergibt, wird das Deck am Spiegel leicht

eingezogen, so daß die Rumpfseitenwände — von oben gesehen — achtern etwas nach außen laufen.
Um mit Elektromotoren eine möglichst hohe Geschwindigkeit bei Modellbooten zu erreichen, bietet sich nun ein starker Motor mit einer großen Schraube und einem großen Akkumulator an. Mit einem so großen Antriebsaggregat wird das Boot aber jetzt wieder zu schwer und aus dem Gleitboot würde ein Verdrängungsschiff. Statt einer Verbesserung ergibt sich in fast allen Fällen eine Verschlechterung. Daher die Forderung für schnelle Elektroboote: Geringes Gewicht durch Leichtbauweise, kleiner leistungsfähiger Motor, leichter Akkumulator und geringe Verdrängung.
Noch höhere Geschwindigkeiten lassen sich im Modellbau nur mit Verbrennungsmotoren erreichen. Da es ungünstig ist, die Bodenfläche des Bootes ganz oder auch nur teilweise über das Wasser gleiten zu lassen, erhalten Modellrennboote an beiden Seiten des Rumpfes Schwimmer. Diese Konstruktion wird als Dreipunkt-Gleiter bezeichnet. Das Boot ruht während der Fahrt auf drei Punkten, nämlich den Hinterkanten der beiden Schwimmer und achtern auf der Wasserschraube. Bei der hohen Drehzahl bringen die eintauchenden Schraubenblätter genügend Auftrieb, um das Boot achtern anzuheben, so daß sein Gewicht auf der Schraube ruht.

Vorbildgetreue Modellgeschwindigkeiten

Zu einem vorbildgetreuen schwimmfähigen Schiffsmodell gehört zwangsläufig auch eine vorbildgetreue Geschwindigkeit. Eine Forderung, die bei einem reichhalten Angebot von Schiffsschrauben verschiedener Größen und Steigungen, Elektro- und Verbrennungsmotoren unterschiedlichster Leistungen, sowie abgestufter Untersetzungsgetrieben leicht zu erfüllen ist.
Die vorbildgetreue Modellgeschwindigkeit steht im unmittelbaren Zusammenhang mit dem Maßstab der Verkleinerung vom Original zum Modell. Der Maßstab gibt das Verhältnis an, um das alle linearen Abmessungen des Originals beim Modell verkleinert werden. So würde z. B. das 302 m lange Fahrgastschiff UNITED STATES im Maßstab 1 : 200 eine Modellänge von 1,51 m aufweisen. Mit einer Reisegeschwindigkeit von 35,6 kn errang die UNITED STATES 1952 das „Blaue Band des Ozeans". 35,6 kn entsprechen einer Geschwindigkeit von 65,9 km in der Stunde oder 18,3 m in der Sekunde. Bei der gleichen linearen Verkleinerung von 1 : 200 müßte das Modell in einer Sekunde 18,3 m : 200 = 9,15 cm zurücklegen. Diese Rechnung stimmt aber leider nur mathematisch, denn bei 9 cm in der Sekunde erweckt das Modell lediglich den Eindruck, als triebe es der Wind auf dem Wasser dahin. Bei einer so geringen Geschwindigkeit des Modells ergibt sich weder eine Andeutung der Bugwelle noch des Wirbels vom Heckwasser. Aber gerade die Wellenbildung ist es in erster Linie, die den Eindruck einer vorbildgetreuen Modellgeschwindigkeit vermittelt.
Bereits im vorigen Jahrhundert hat der Schiffbauer Froude eine Formel entwickelt, nach der die relativen Geschwindigkeiten die bei Verkleinerungen von Schiffsformen dieselben physikalischen Strömungsverhältnisse im Wasser ergeben, errechnet werden können. Die Formel, die ohne Einschränkung die

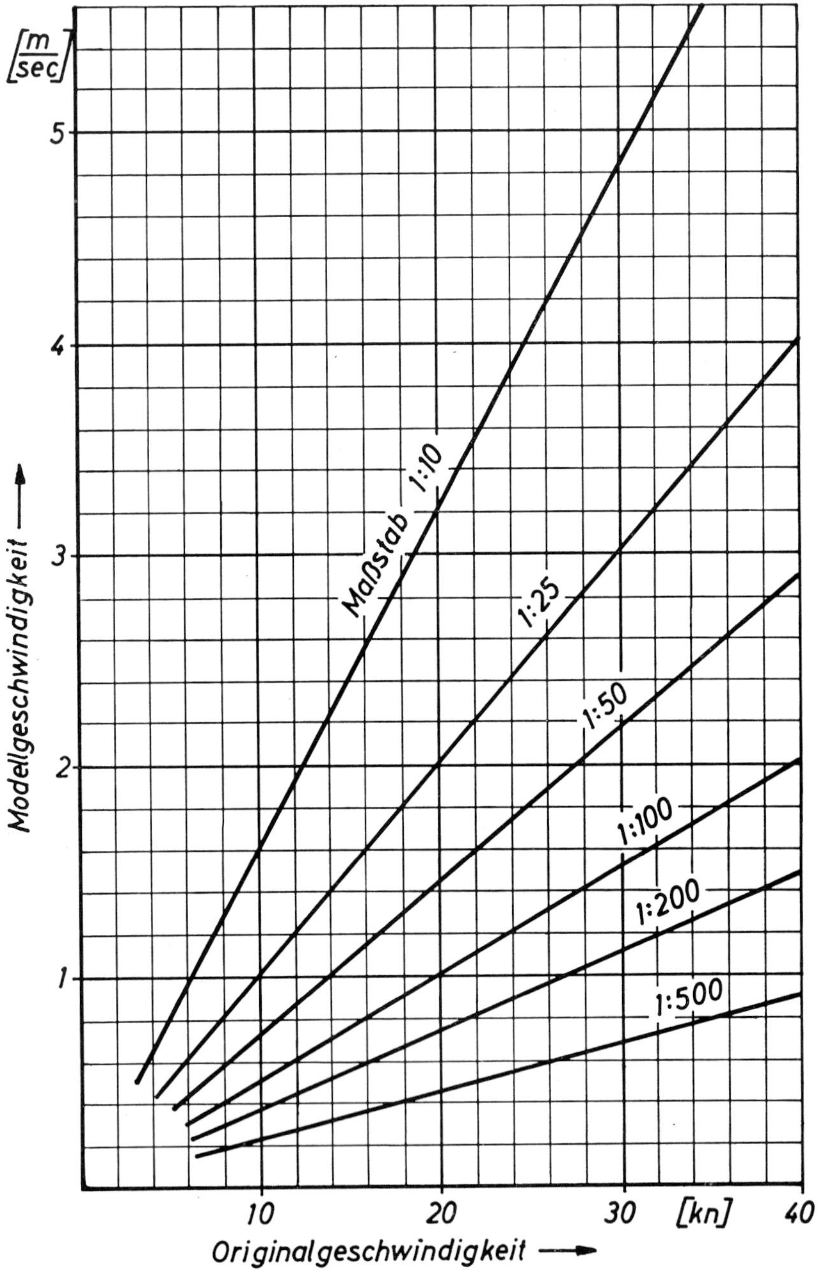

[m/sec]
5
4
3
2
1
Modellgeschwindigkeit
Maßstab 1:10
1:25
1:50
1:100
1:200
1:500
10
20
30
[kn]
40
Originalgeschwindigkeit

von uns gewünschte „vorbildgetreue Modellgeschwindigkeit" ergibt, lautet: Modellgeschwindigkeit = Originalgeschwindigkeit : Quadratwurzel aus Verkleinerungsmaßstab.
Die hiernach errechnete Modellgeschwindigkeit ergibt dann in der Praxis ein dem großen Vorbild ähnliches Wellenbild. Bezogen auf das Beispiel der UNITED STATES würde die Modellgeschwindigkeit dann betragen:

35,6 kn = 65,9 km : $\sqrt{200}$ = 65,9 km : 14,1 = 4,670 km/h oder 1,3 m/sec.

Gegenüber der linearen Ermittlung eine ca. 14fache Steigerung.
Aus dem nebenstehenden Diagramm kann die Modellgeschwindigkeit direkt abgelesen werden. Auf der unteren waagerechten Skala wird die Geschwindigkeit des Vorbildes in Knoten gesucht. Von hier aus wird senkrecht nach oben bis zur dickausgezogenen Linie des entsprechenden Maßstabes gegangen. Aus der linken Skala ergibt sich dann die Modellgeschwindigkeit in Metern pro Sekunde.

Schiffstyp und Antrieb

Zur Erzielung einer vorbildgetreuen Geschwindigkeit ist ein in seiner Größe und Leistung dem Original angepaßter Antrieb zu wählen. Die weitaus meisten schwimmfähigen Schiffsmodelle werden durch Elektromotoren angetrieben. Die Vorteile der E-Motoren sind: Betrieb über zwei Anschlußschnüre, geringe Wartung, leichte Drehrichtungsänderung und Tourenregulierung sowie sofortige Laufbereitschaft. Die erzielbare Leistung ist jedoch begrenzt, da diese von der Größe der Motoren und Stromquellen abhängig ist, die noch gewichtsmäßig im Modell untergebracht werden können.
Für ausgesprochen schnelle Boote steht eine Reihe von Verbrennungsmotoren in abgestufter Größe und Leistung zur Verfügung. Der Antrieb kann wahlweise durch eine Luftschraube oder im Wasser durch eine Rennschraube mit kleiner Steigung erfolgen. Infolge ihrer starken Laufgeräusche lassen sich Verbrennungsmotoren jedoch nicht überall starten.
Gleichfalls für schnelle Modelle sind die Strahltriebwerke. Da ihr Betrieb nicht ungefährlich ist, sollen diese Antriebe erfahrenen Modellbauern vorbehalten bleiben und die Modelle an der Fesselleine gefahren werden.
Auch ist die gute alte Dampfmaschine nicht so vergessen, wie es manchen Modellbauern erscheinen mag. Selbst das heutige Atomzeitalter kann auf den Dampf als Mittler zwischen der atomaren Kraftquelle und der mechanisch geleisteten Arbeit nicht verzichten. Daß man sich hierbei schnellaufender Turbinen und großer Dynamos bedient, schmälert nicht die Bedeutung des Dampfes. Genau so ungeeignet wie ein kleiner E-Motor für ein schnelles Sportboot und ein Verbrennungsmotor für einen langsam dahintuckernden Schlepper, ist auch ein Dampfmaschinenantrieb nicht für jeden Schiffstyp angebracht. Bedingt durch die Abmessungen und das Eigengewicht einer solchen Anlage, muß sie ihren Platz möglichst tief und in der Mitte des Modells finden. Lange schmale Schiffe mit geringem Tiefgang sowie solche bei denen sich die Aufbauten einschließlich Schornstein auf dem Achterdeck befinden, sind hierfür ungünstige Vorbilder.
Grundsätzlich lassen sich fast alle Schiffstypen mit langsamen bis mittleren Fahrgeschwindigkeiten mit einer Dampfmaschine als Antrieb ausrüsten. Als

Mindestgröße hat sich in der Praxis eine Länge von ca. 80 cm ergeben, wobei es jedoch vorteilhafter ist, eine Modellänge von 1,0 bis 1,4 m vorzusehen. Wenn man von dem Einsatz großer Akkumulatoren beim Elektroantrieb absieht, so ist eine Dampfmaschinenanlage meistens doch schwerer als die sonst verwendeten Antriebe. Um später keine unliebsamen Überraschungen zu erleben, sollte in jedem Fall vor dem Bau eine Überschlagsrechnung der Tragfähigkeit des geplanten Modells vorgenommen werden.

Elektromotoren

In einem Elektromotor — kurz E-Motor genannt — wird elektrische Energie in mechanische Arbeit, in eine Drehbewegung umgesetzt. Der im Modellbau verwendete Gleichstrommotor besteht aus einem drehbar gelagerten Anker, der von einem Magnetfeld umgeben ist. Das den Anker umgebende Feld wird bei kleinen Motoren durch einen Permanentmagneten, also einen Dauermagneten, bei größeren Motoren durch eine Erregerwicklung erzeugt. Fließt in der Wicklung des Ankers ein Strom, so wirkt auf ihn ein Drehmoment. Bei Drehung des Ankers wird über den Kommutator der Strom immer anderen Ankerwicklungen zugeführt, so daß sich der Anker weiter dreht.
Kleinmotoren laufen am günstigsten bei 4 000 bis 12 000 Umdrehungen pro Minute. Ihr Wirkungsgrad nimmt mit der Größe zu und beträgt bei den im Schiffsmodellbau verwendeten E-Motoren zwischen 45 und 75 %. Als Faustregel kann gelten, daß der Schraubendurchmesser in etwa dem Ankerdurchmesser entsprechen soll, wenn keine Untersetzung verwendet wird. Daraus ergibt sich, daß eine von einem E-Motor angetriebene große Schraube grundsätzlich mit einem Untersetzungsgetriebe laufen muß. Auch im Großschiffbau würde es niemanden einfallen, eine Schiffsturbine direkt mit der Schraube zu kuppeln. Um den niedrigeren Schraubendrehzahlen Rechnung zu tragen, sind eine Reihe von E-Motoren mit einem zusätzlichen Untersetzungsgetriebe versehen. Gleichfalls sind diese Getriebe einzeln erhältlich und können mit jedem anderen Motor verbunden werden. In der Praxis haben sich in Abhängigkeit vom Schraubendurchmesser folgende Drehzahlen als Richtwerte ergeben: ϕ 30 mm — 3000 U/min, ϕ 40 mm — 2200 U/min, ϕ 50 mm — 1 800 U/min und ϕ 60 mm — 1 400 U/min.
Die mechanische Leistung eines E-Motors hängt im wesentlichen vom Drehmoment und von der Drehzahl ab. Das Drehmoment M_d wird vom Ankerdurchmesser und dem magnetischen Fluß des Erreger- und Ankerfeldes bestimmt. Je größer der Erreger- und Ankerstrom ist, desto größer ist auch das Drehmoment. Wird dem Motor abweichend von seiner Größe ein zu hohes Drehmoment abgefordert, so steigt die Verlustleistung im Motor in Form von Wärme im Quadrat. Bei doppeltem Strom vervierfacht sich die Verlustleistung. Drehmomentmessungen an E-Motoren werden bei verschiedenen Belastungen und gleichzeitiger Drehzahlmessung vorgenommen. Das Drehmoment wird bei kleineren E-Motoren in cmp angegeben und ist als Richtwert aus den Datenblättern zu entnehmen. Um mit dem Wort des Drehmomentes von Motoren etwas anfangen zu können, muß auch der Drehmomentbedarf des Verbrauchers, also der Schraube, bekannt sein. Da dieser von einer Reihe Werten abhängig ist, die sich im Modellbetrieb nicht eindeutig bestimmen

lassen, kann hier das Drehmoment nur vergleichsweise herangezogen werden. Der Wirkungsgrad von E-Motoren mit permanenten Magneten kann einmal aus dem Kennlinienfeld, zum anderen annähernd aus der Gegenüberstellung von Leerlaufstrom zu Kurzschlußstrom bestimmt werden. Während der Leerlaufstrom ohne Belastung gemessen wird, ergibt sich der Kurzschlußstrom bei einer Abbremsung. Das Abbremsen erfolgt an der Welle mit Daumen und Zeigefinger, wobei der Motor kurzzeitig zum Stillstand kommen muß.

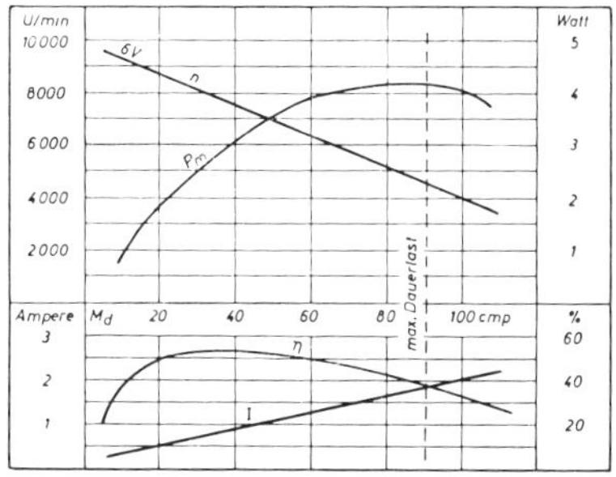

Der E-Motor Monoperm-Spezial, dessen technischen Werte das Datenblatt zeigt

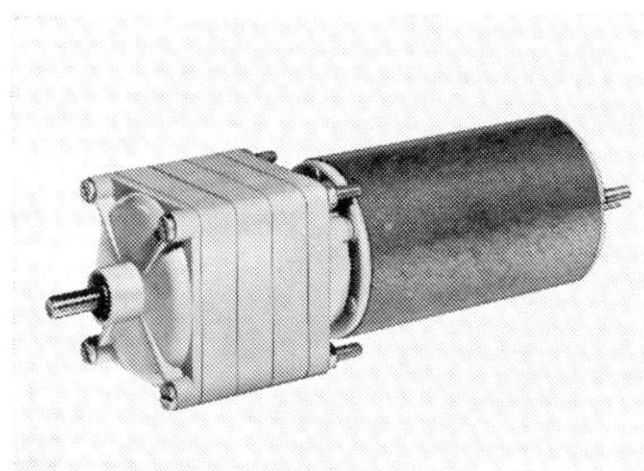

Der E-Motor Hectoperm-Spezial mit 2 : 1 Getriebe leistet 30 Watt

Daneben:
Hectoperm-Spezial mit Maxi-pile, einem universellen Getriebe 3 : 1 bis 360 : 1

Der Strom I, bei dem der Motor den größten Wirkungsgrad erreicht, errechnet sich aus der Quadratwurzel von Leerlaufstrom I_l mal Kurzschlußstrom I_e. Beträgt z. B. I_l eines Motors bei einer bestimmten Spannung 0,3 Ampere und I_k = 3 Ampere, so ist der dem günstigsten Wirkungsgrad entsprechende Strom $I = \sqrt{I_l \times I_k} = \sqrt{0{,}3 \times 3} = 0{,}95$ Ampere. Wohl läßt sich durch eine höhere Spannung die Leistung vergrößern, der Wirkungsgrad wird dagegen schlechter. Das bedeutet, daß der Zuwachs an Leistung einen wesentlich höheren Strom bedingt, der in keinem Verhältnis zur Leistungssteigerung steht. Aus den drei Werten errechnet sich der Wirkungsgrad π wie folgt:

$$\pi = \frac{(I_k - I) \times (I - I_l)}{(I \times I_k)} = \frac{(3 - 0{,}95) \times (0{,}95 - 0{,}3)}{(0{,}95 \times 0{,}3)} = 47\,\%$$

Die aufgenommene Leistung P_e in Watt ergibt sich aus dem Produkt von Spannung U mal Strom I. Somit ist $P_e = U \times I = 6 \times 0{,}95 = 5{,}7$ Watt.

Außenbord-Motor Z-Drive mit Monoperm-Spezial-Super

Um die abgegebene Leistung P_a zu erhalten, muß der vorstehende Wert noch mit dem Wirkungsgrad π multipliziert werden. $P_a = U \times I \times \pi = 2{,}68$ Watt.

Die hier abgebildeten Kennlinien des Monoperm Spezial zeigen deutlich die Zusammenhänge zwischen Spannung, Strom und Leistung sowie Drehzahl, Drehmoment und Wirkungsgrad. Wird dem Motor ein stärkeres Drehmoment abverlangt, so steigt der Strom an, gleichzeitig sinkt der Wirkungsgrad, während die mechanische Leistung Pm immer langsamer ansteigt und am Ende wieder abnimmt. Ähnliche Darstellungen lassen sich für alle Motoren anfertigen und geben Aufschluß über ihr Verhalten.

Je höher der Wirkungsgrad eines E-Motors ist, umso besser wird die elektrische Energie ausgenutzt. Das bedeutet in der Praxis längere Fahrzeiten oder Gewichtseinsparung durch kleinere Akkumulatoren.

Die Drehrichtungsänderung von E-Motoren mit Permanentmagneten erfolgt durch einfaches Vertauschen der beiden Anschlüsse. Hierdurch kann ein Modell sowohl vorwärts wie auch rückwärts fahren, oder wahlweise mit einer rechts- bzw. linksdrehenden Schraube angetrieben werden. Größere Motoren besitzen statt eines Dauermagneten eine dem Anker parallel geschaltete Feldspule. Hier ist eine Änderung der Drehrichtung durch Vertauschen der Anschlüsse nicht möglich, da gleichzeitig die Anker- und Feldwicklung umgepolt

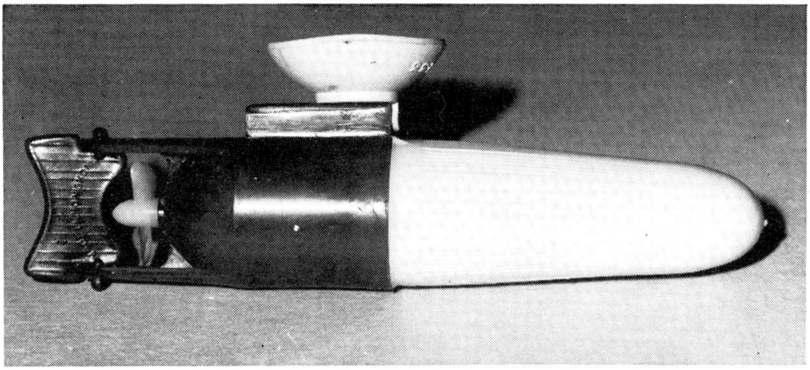

E-Motor mit Schraube und Batterieraum zum nachträglichen Anbau

werden. Um einen wahlweisen Rechts- oder Linkslauf zu erreichen, darf nur eine der beiden Wicklungen in ihrer Polarität geändert werden. Bei beiden Motorenarten kann die Drehrichtungsänderung über ein Relais mit zwei Umschaltkontakten erfolgen. Zu beachten ist, daß die Kontakte den Strom des Motors aushalten.

Stromquellen

Elektromotoren benötigen für ihren Betrieb Stromquellen. Unter diesen Sammelbegriff fallen Trockenbatterien — kurz Batterien genannt — und Akkumulatoren. Daneben ist die Bezeichnung „Batterie" auch für die Zusammenschaltung mehrerer Zellen zu einer Einheit gebräuchlich.
Die am weitesten verbreitete Trockenbatterie ist das Kohle-Zink-Element. Es besteht aus einem Zinkbecher mit einem Kohlestab und einer eingedickten Salmiaksalzlösung als Elektrolyten. Während der Stromentnahme löst sich der Zinkzylinder langsam auf und setzt Metallionen frei. Infolge dieses chemischen Vorganges, der sich auch bei der Lagerung fortsetzt, sind Batterien nur begrenzt verwendbar und müssen nach Ausgebrauch weggeworfen werden. Bedingt durch ihren Abstand in der elektrochemischen Spannungsreihe = Kohle + 0,74 V und Zink — 0,76 V = beträgt die Anfangsspannung 1,5 Volt. Während sich bei der Hintereinanderschaltung mehrerer Zellen ihre Spannungen addieren, erhöht sich bei der Parallelschaltung der entnehmbare Strom. Bekannte Ausführungsformen sind die 1,5 Volt Monozelle und die flache Taschenlampenbatterie mit 4,5 Volt.

Akkumulatoren dienen zur Speicherung elektrischer Energie, die innerhalb eines begrenzten Zeitraumes wieder entnommen werden kann. Sie können während ihrer Verwendungsbereitschaft, sprich Lebensdauer, nach jeder Entladung erneut aufgeladen werden. Grundsätzlich lassen sich zwei Arten von Akkumulatoren unterscheiden, einmal der Bleiakkumulator und zum anderen der Nickel-Cadmium — (NC-) Akkumulator. Beide Ausführungsformen unterscheiden sich in ihrem Aufbau und ihrer Spannung pro Zelle voneinander. In beiden Fällen erfolgt die Speicherung der elektrischen Energie in chemischer Form, die sich bei der Entladung wieder in elektrischen Strom zurückverwandelt.

Bei einem Bleiakkumulator beträgt die Spannung einer Zelle 2 Volt. Der Vorgang der Ladung und Entladung beruht auf der chemischen Veränderung zweier Bleiplatten in einer verdünnten Schwefelsäure als Elektrolyten. Die üblichen Bleiakkumulatoren benötigen zur Erreichung einer möglichst langen Lebensdauer eine sorgfältige Pflege. Auch in den Zeiten der Nichtbenutzung müssen sie regelmäßig alle 4—6 Wochen entladen und anschließend wieder aufgeladen werden, um ein Hartwerden der Bleiplatten zu verhindern. Beim Sinken des Flüssigkeitsspiegels ist mit destilliertem Wasser aufzufüllen, damit die Platten ausreichend von der Säure bedeckt sind. Infolge Selbstentladung beträgt der Kapazitätsverlust ca. 0,8 % pro Tag bei einer Umgebungstemperatur von + 20° C. Mit steigender Temperatur nimmt die Selbstentladung zu, tiefe Temperaturen erniedrigen sie. Die für Modellantriebe verwendeten Bleiakkumulatoren besitzen vielfach durchsichtige, gewichtssparende Kunststoffgefäße. In Verbindung hiermit stehen Schauröhrchen, in denen farbige Schwimmerkugeln den Ladezustand anzeigen. Hierdurch ist es möglich, den Akkumulator stets in betriebsfähigem Zustand zu halten.

Für einen in unregelmäßigen Zeitabständen erfolgenden Modellbetrieb sind die selbstentladungsarmen, aus einer antimonfreien Speziallegierung bestehenden Akkumulatoren (z. B. Sonnenscheinpermanent) vorteilhafter. Aufgrund der größeren Wartungsfreiheit ist ihre Lebensdauer höher anzusetzen.

Das Speichervermögen eines Akkumulators wird mit Nennkapazität bezeichnet und ist der aufgrund einer 20stündigen Entladung mit dem Entladenennstrom I_{20} errechnete Zahlenwert in Amperestunden (Ah) bei einer Temperatur von + 20° C. Bei einem Akkumulator mit einer Nennkapazität von 8 Ah bedeutet es, daß er 20 Stunden lang mit 0,4 Ampere entladen werden kann, nämlich 8 Ah : 20 h = 0,4 A. Die Angabe der Nennkapazität ist jedoch kein absolut konstanter Wert. Wird mit einem niedrigeren Strom entladen, so kann sich die Kapazität erhöhen. Andererseits wird die Kapazität bei höherer Stromentnahme geringer, da sich die elektrochemischen Vorgänge nur an den Oberflächen der Platten abspielen. Gleichfalls ist die Kapazität von der Umgebungstemperatur abhängig. Mit jedem Grad Celsius über oder unter + 20° steigt bzw. sinkt die Kapazität um ca. 1 %. Im allgemeinen steht der Ladestrom im unmittelbaren Zusammenhang mit der Kapazität des Akkumulators und beträgt 10 % oder 10 Stunden. Bei dem angeführten Akkumulator mit 8 Ah ergibt sich somit ein Ladestrom von 8 Ah : 10 h = 0,8 A. In der Praxis sind die Ladezeiten jedoch um 10—20 % länger, um die Verluste durch Wärmeentwicklung und evtl. Gasen sowie den gegen Ende der Ladung verlangsamenden Vorgang auszugleichen.

Dem Nachteil der geringeren Spannung von nur 1,2 Volt pro Zelle beim NC-Akkumulator steht als Vorteil die größere Widerstandskraft bei rauher mechanischer und elektrischer Behandlung gegenüber. Selbst Tiefentladungen mit dabei möglicher Umpolung einzelner Zellen (z. B. beim Vergessen des Ausschaltens) sind nicht kritisch. Die wirksame Masse der geladenen positiven Platte ist Nickelhydroxid, der negativen Platte pulverförmiges Cadmium. Als Elektrolyt dient verdünnte Kalilauge, die weniger an dem chemischen Vorgang

teilnimmt, sondern hauptsächlich als Leiter wirkt. Aus diesem Grunde ist das spezifische Gewicht kein Maßstab zur Bestimmung des Ladezustandes wie beim Bleiakkumulator.
Spannungsmessungen an Batterien und Akkumulatoren sind stets während des Betriebes vorzunehmen. Falls dieses nicht möglich ist, muß die Stromquelle durch einen dem Verbraucher entsprechenden Widerstand belastet werden. Andernfalls würde infolge des geringen Eigenverbrauches des Voltmeters eine höhere Spannung gemessen als im Betrieb tatsächlich vorhanden ist.

Verbrennungsmotoren für schnelle Boote

Der Einsatz von Verbrennungsmotoren erfolgt immer da, wo hohe Geschwindigkeiten erreicht werden sollen. Doch Höchstleistungen sind nicht nur vom Motor abhängig. Mitbestimmend sind ebenfalls Größe und Steigung der Schraube sowie die Bootsform. Ein Rennboot muß, genau wie ein Wasserski, über das Wasser gleiten, aber keinesfalls springen. Hierzu soll der Schwerpunkt des Bootes vom Heck aus gerechnet etwa zwischen 40—45 % der Länge der in der Ruhelage benetzten Gleitfläche liegen. Der Anstellwinkel darf nur einige Grad betragen, da ein tief eintauchendes Heck einen zu starken Gegendruck des Wassers überwinden muß. Das günstigste Verhältnis zwischen Länge und Breite beträgt ca. 3 : 1. Der Boden des Modells weist eine nach dem Heck zu stark abnehmende V-Form auf. Zwischen Bootsboden und Seitenflächen soll ein scharfer Knick das Lösen des abströmenden Wassers erleichtern. Die günstigste Schraube läßt sich nur durch Versuche ermitteln. Eine große Wasserfahne hinter dem Boot verrät stets einen schlechten Wirkungsgrad der Schraube, die das Wasser mehr aufpeitscht als das Boot vorwärts treibt.
Um einwandfrei und zuverlässig arbeitende Modellmotoren in größeren Stückzahlen zu erschwinglichen Preisen herzustellen, mußten die bekannten Verbrennungsmotoren in ihrem Aufbau wesentlich vereinfacht werden. Diese Voraussetzung war erfüllt, als es gelang, ohne Zündanlage und Einspritzpumpe auszukommen. Die im Modellbau verwendeten Verbrennungsmotoren besitzen Hubräume zwischen 1 und 10 ccm und sind ausgesprochene Selbstzünder ohne Zündsystem. Sie lassen sich in zwei Gruppen unterteilen, den Modelldiesel und den Glühkerzenmotor. Beim Modelldiesel erfolgt die Zündung allein durch die bei der hohen Verdichtung erzeugten Wärme in Verbindung mit leicht entzündlichen Kraftstoffen. Der nicht so hoch verdichtende Glühkerzenmotor braucht zum Zünden eine Glühkerze. Während des Startens muß die Glühkerze aus einer Stromquelle geheizt werden. Sobald der Motor läuft, wird die Glühkerze durch den Verbrennungsvorgang hellglühend gehalten und benötigt keine Stromzufuhr mehr. Die Spannung der Glühkerze beträgt 1,5 Volt und wird aus einer Spezialbatterie entnommen. Bei Verwendung eines 2 Volt-Akkumulators muß die überschüssige Spannung von 0,5 Volt durch Vorschalten eines etwa 2 m langen und 2 $\times$ 0,75 mm² starken Kabels reduziert werden. Der Glühwendel der Kerze soll hellrot glühen, was sich bei herausgeschraubter Glühkerze leicht überprüfen läßt. Bei zu hell glühender Kerze muß das Kabel verlängert werden. Glüht die Kerze zu dunkel, ist das Kabel zu kürzen. Für den Fahrbetrieb sollten stets einige Glüh-

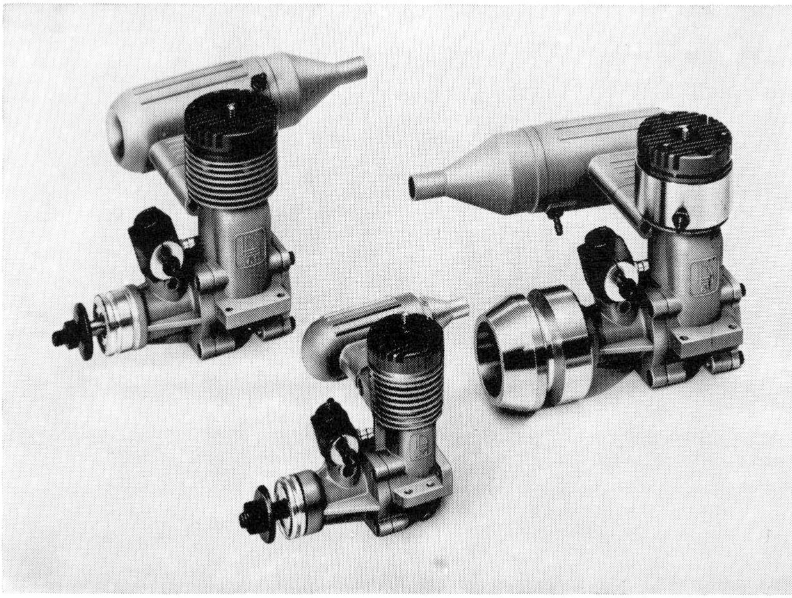

HB-Glühkerzenmotoren, 3,27 und 9,97 ccm, 2fach kugelgelagert mit Drossel und Schalldämpfer. Links und Mitte Motoren mit Luftkühlung, rechts zusätzlich mit Wasserkühlmantel und Schwungscheibe für Modellboote

kerzen als Ersatz sowie ein passender Kerzenschlüssel mitgenommen werden. Will ein Glühkerzenmotor nicht anspringen, ist vorerst die Zündeinrichtung zu überprüfen. Neben einer durchgebrannten Glühkerze kann die Zuleitung unterbrochen oder die Batterie verbraucht sein. Bei zu reichlicher Treibstoffversorgung wird die Kerze naß und beginnt erst nach dem Trocknen wieder zu glühen. Infolge der geringeren Verdichtung des Glühkerzenmotors gegenüber dem Modelldiesel ist die Verbrennung weicher und der Lauf ruhiger.
Die unterschiedliche Zündungsart erfordert für beide Motortypen verschiedene Kraftstoffe. Das Gemisch für einen Modelldiesel besteht aus Äther, Petroleum und Rizinusöl, dem zur Leistungssteigerung etwas Amyl-Nitrit zugesetzt werden kann. Der Kraftstoff für Glühkerzenmotore setzt sich aus Methanol, Rizinusöl und Nitromethan zusammen. Die meisten Modellbauer verwenden fertig gemischte Kraftstoffe, deren Zusammensetzung den einzelnen Motoren angepaßt ist und für den Normalbetrieb den günstigsten Wirkungsgrad ergeben. Einen universellen Kraftstoff, der speziell bei Rennen das Letzte aus den Motoren herausholt, gibt es nicht. Die Erzielung optimaler Leistung ist von einer Reihe Faktoren abhängig, wie Kompression und Einlaufbedingungen, ferner besteht ein Unterschied, ob bei kaltem, feuchtem Wetter oder bei heißer, trockener Luft gestartet wird. Erfahrene Modellbauer und Rennexperten haben im Laufe der Jahre ihre eigenen Mischungen entwickelt, die sie teil-

Elektro-Starter zum Anwerfen von Dieselmotoren bis 10 ccm mit Motor Hectoperm-Spezial für 12 Volt Gleichspannung. Für Kurzzeitbetrieb 3 min, ED (relative Einschaltdauer) 25 %

weise sorgfältig hüten und wie Geheimrezepte behandeln. In Abhängigkeit eines mitgeführten Hygrometers wird der Treibstoff dem jeweiligen Wetter angepaßt. Da viele Kraftstoffe den Lack angreifen, ist beim Tanken und während des Betriebs in dieser Hinsicht Vorsicht geboten.
Der Einbau eines Verbrennungsmotors im Modell muß fest und schwingungsfrei erfolgen. Verschraubungen sind durch Federringe oder Kontermuttern zu sichern. Keinesfalls dürfen sich die Abgase im Bootskörper sammeln, da sie dann erneut angesaugt werden können. Als Folge würde der Motor zu wenig Sauerstoff erhalten und in seiner Leistung absinken. Während die Kühlung bei Flugzeugmotoren durch den Fahrtwind erfolgt, benötigen Bootsmotoren, soweit sie nicht außerhalb des Bootskörpers mit Druckluftschrauben arbeiten, eine zusätzliche Wasserkühlung. Das Anlassen des Motors kann wahlweise durch einen Seilzugschnellstarter oder Elektrostarter erfolgen.
Mit besonderer Sorgfalt ist das Einlaufen des Motors vorzunehmen, denn hiervon sind Lebensdauer und Leistung abhängig. Da das Einlaufen im Stand vorgenommen wird, müssen auch die Motoren für Schiffsmodelle während dieser Zeit mit einer Luftschraube zur Kühlung versehen werden. Verbindliche Auskünfte über das Einlaufen, den Betrieb, die Wartung und Pflege geben die Gebrauchsanweisungen, deren genaue Beachtung der Motor durch stete Einsatzbereitschaft danken wird.

Antrieb durch Dampf

Wer nicht dem Geschwindigkeitsrausch verfallen ist, sondern den besonderen Reiz in der Natürlichkeit seines Schiffsmodells sieht, das seinen Schornstein nicht nur als Attrappe führt, dem wird der Dampfbetrieb viele neue und erfreuliche Seiten offenbaren. Wo immer ein dampfbetriebenes Schiffsmodell ruhig und majestätisch Dampfwolken hinterlassend seine Bahnen auf dem Wasser zieht, wird es der Beachtung der Anwesenden gewiß sein.
Wenngleich der Dampfantrieb bei Schiffsmodellen heute auch noch keinen größeren Umfang angenommen hat, so dürften hierfür mehrere Gründe aus-

Standard 2 Zylinder-Schiffsmaschine (Kolben ⌀ 20 mm) für Modellschiffe bis 1,8 m Länge

Standard-Einbaukessel kompl. mit Armaturen, ohne Kesselverkleidung

Kompl. Schiffsantrieb, bestehend aus Kessel mit Gasheizung, stehender 1 Zylinder-Maschine, Umsteuergetriebe und Fernsteuerempfänger

schlaggebend sein. Eine Dampfmaschine erfordert, um ihre maximale Leistung zu erreichen, genaue und saubere Arbeit. Präzision aber kostet Zeit und diese wiederum Geld. Obwohl erwiesenermaßen ein Interesse an Dampfmaschinen besteht, stört in vielen Fällen der nicht unbeträchtliche Anschaffungspreis der in Klein- und Kleinstserien gefertigten Maschinen. So setzen sich die Dampfmaschinenbesitzer in der Mehrzahl aus handwerklich geschulten Modellbauern zusammen, die sich aus den im Handel angebotenen Gußteilen ihre Maschinen selber bauen. Eine Entwicklung, wie sie Anfang der 50er Jahre bei den Verbrennungsmotoren für Modellzwecke bereits einmal bestand. Abgesehen von der Vorbereitungszeit, in der der Kessel aufgeheizt werden muß, ist der Dampfmaschinenbetrieb einfach und erfordert nur geringe laufende Unkosten. Eine sorgfältig gebaute Dampfmaschine erfüllt in allen Teilen die an sie gestellten Aufgaben. Sie kennt keine Launen und leistet bei einigermaßen pfleglicher Behandlung auf Jahre hinaus zuverläßlich ihren Dienst.
Für alle diejenigen Modellbauer, die zum ersten Mal einen Dampfantrieb für ihr Modell verwenden, ergeben sich eine Reihe neuer Begriffe. Nach Art der Dampfführung wird zwischen einfach und doppelt wirkenden Maschinen unterschieden. Bei den oszillierenden Maschinen ist die Dampfzufuhr von der Lage des Zylinders abhängig, während bei anderen Maschinen der Dampf über Schieber gesteuert wird. Neben Einzylinder-Maschinen gibt es Zwei- und Mehrzylinder-Maschinen, die sich dadurch voneinander unterscheiden, in welcher Form ihre Kolben zueinander arbeiten. Neben der eigentlichen Maschine, die den Dampfdruck in eine drehende Kraft umwandelt, bildet die Dampferzeugung mit Kessel, Heizvorrichtung und Armaturen einen wesentlichen Bestandteil der Anlage.
Abgesehen von den Anschaffungskosten erfordern Dampfmaschinen nur geringe Betriebskosten. Etwas Brennspiritus als Heizmaterial und Wasser und schon kann es losgehen. Während große Dampfmaschinenanlagen ein gewisses Gefahrenmoment in sich bergen und von den Technischen Überwachungs-Vereinen überprüft werden, unterstehen diese Maschinen keinerlei Beschränkungen.

Beim Bau ist von Anfang an daran zu denken, daß die Dampfmaschine ihren Platz an der tiefsten Stelle des Modells einnimmt. Ganz unten im Schiff befindet sich das Brennerrohr mit seinen vielen kleinen Flämmchen. Diese Flammen brauchen Sauerstoff, d. h. sehr viel Luft. Um immer neue Frischluft zuzuführen, ist für eine gute Luftzirkulation zu sorgen. Das ist unschwer durch eine nicht bis zum Boden reichende Trennwand zwischen Brennstofftank und Maschinenanlage zu erzielen, wodurch gleichzeitig der Tank wärmemäßig gegen die Befeuerungsanlage abgeschirmt wird. Die Warmluft des Maschinenraumes steigt automatisch nach oben und zum Schornstein hinaus, während die kühlere Frischluft durch offene Ladeluken, Bullaugen oder Fenster in den Tankraum eindringt und hinabsinkt. Am Boden zieht diese Frischluft dann in den Brennerraum und steigt dort wieder in die Höhe. Diese von selbst funktionierende Luftzirkulation kann noch beschleunigt werden, wenn der Abdampf von den Zylindern in Rohrleitungen bis eben unterhalb der Schornsteinoberkante geleitet wird, wo der stoßweise austretende Dampf die Warmluft mitreißt. Eine Ableitung des Abdampfes muß auf jeden Fall erfolgen. Bliebe er im Maschinenraum, würde er alle Frischluftzufuhr abdrängen.
Für die Heizanlage verwandte man früher Dochtbrenner und ging dann zu

Einzylinder-Dampfmaschine mit Schiebersteuerung

Hartspiritus über. Der Nachteil der Dochtbrenner liegt darin, daß sie bei längerem Betrieb zu heiß werden und dadurch der Spiritus verdampft und sich zu große Flammen bilden. Auch der Hartspiritus hat sich als wenig geeignet erwiesen, da es schwierig ist, bei längeren Fahrten für Nachschub zu sorgen. Besonders bewährt hat sich der Spiritus-Vergaserbrenner, dessen Flamme über einen Abstellhahn reguliert werden kann.
Eine nicht unbedeutende Rolle spielt für die Dampfmaschine das Wasser. Am einfachsten wäre es, das Wasser jeweils aus den Seen und Teichen zu entnehmen, auf denen das Modell fährt. Das darf aber nicht sein, da praktisch jedes Wasser — außer Regen- und Schneewasser — kalk-, eisen- oder salzhaltig ist. Jeder weiß, daß sich über kurz oder lang auf dem Boden von Mutters Wasserkessel Kesselstein absetzt. Dieser Kesselstein verstärkt im Laufe der Zeit die Kesselwände und bringt eine schlechtere Ausnutzung der Heizanlage mit sich. Weiter setzt sich der Kesselstein auch im Wasserstandsglas ab und es dauert nur wenige Betriebsstunden, um nicht mehr erkennen zu können, ob und wieviel Wasser sich im Kessel befindet. Darüber hinaus würden kleinste Teile Kesselstein mit dem Dampfstrom in den Zylinder gerissen und dort ähnlich wie Schmirgel zwischen Kolben und Zylinderwand wirken. Der beste, aber auch teuerste Weg ist, destilliertes Wasser zu nehmen. Wer aber von Anfang an gewohnt ist, nur abgekochtes Wasser oder Regenwasser zu verwenden, wird von diesen unerwünschten Begleiterscheinungen weitestgehend verschont bleiben. Leicht wird auch vergessen, daß sich das Wasser während der Laufzeit der Maschine verbraucht und der Kessel einmal leer wird. Obgleich damit bei den kleinen Maschinen auch keine Explosionsgefahr besteht, so können doch Lötverbindungen am Kessel durch Überhitzung aufgehen und die Anlage stillegen. Vorteilhaft ist es, den Brennstoffvorrat so zu bemessen, daß er eher zu Ende geht als das Wasser.

Kupplungen

Die für den Fahrbetrieb zur Verfügung stehenden Antriebskräfte sind in ihrer Leistung begrenzt. Aus diesem Grunde ist es erforderlich, alle irgendwie und irgendwo auftretenden Verluste so gering wie nur möglich zu halten. Ein besonderes Augenmerk ist hierbei auch auf die einwandfreie Funktion der Kupplung zu richten. Über sie wird die Kraft der Antriebsmaschine auf die Schraubenwelle und damit auf die Schraube übertragen.
Grundsätzlich läßt sich zwischen starren und flexiblen Kupplungen unterscheiden. Während bei den starren Kupplungen die Schraubenwelle genau mit der Antriebswelle fluchten muß, ist dieses bei den flexiblen Kupplungen nicht unbedingt erforderlich. Mit letzteren lassen sich kleine Einbaudifferenzen ausgleichen. Für eine optimale Leistungsausnutzung der Antriebe sollte sich aber — und dieses trifft ganz besonders bei Kleinmotoren zu — die Welle des Motors mit der Schraubenwelle in einer gemeinsamen Fluchtlinie befinden. Da die Lage der Schraubenwelle nach dem Einbau des Stevenrohres nicht mehr verändert werden kann, ist der Motor hiernach auszurichten. Bei E-Motoren wird in die Zuleitung ein Amperemeter geschaltet und die Motorenlage solange verändert, bis sich der kleinste Leerlaufstrom ergibt. Dieser gemessene

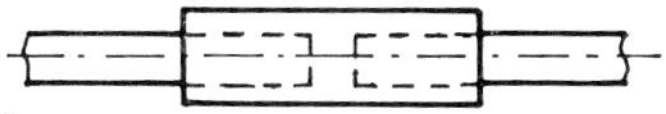

a

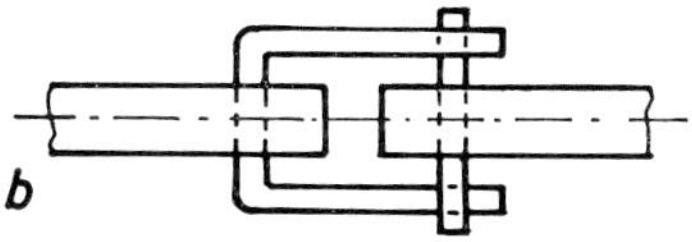

b

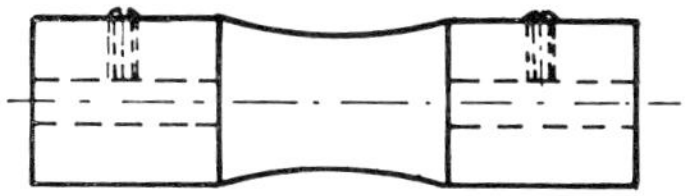

c

d

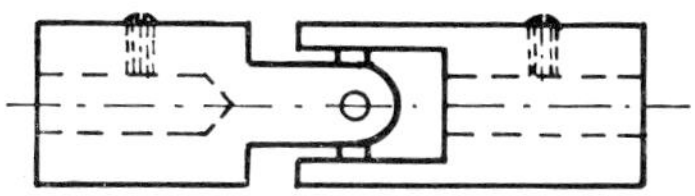

e

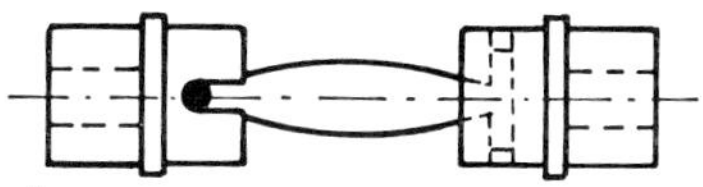

f

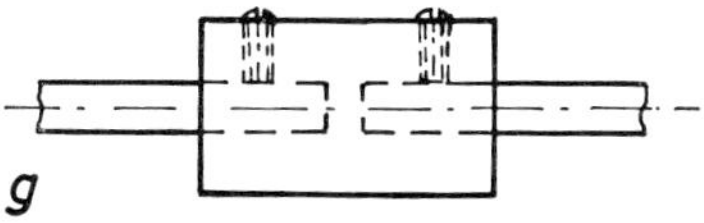

g

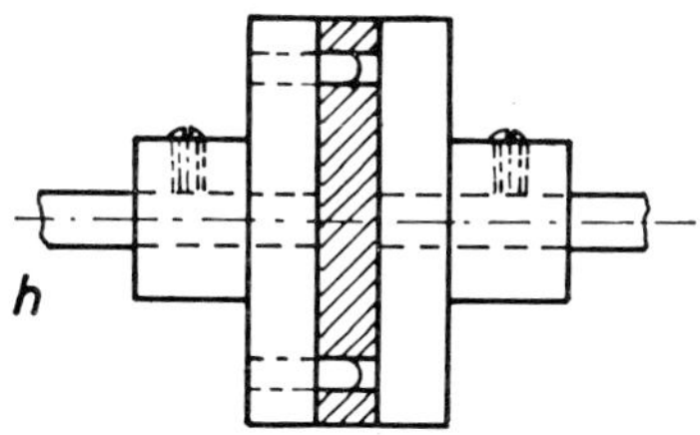

h

Leerlaufstrom darf sich auch bei der endgültigen Befestigung des Motors nicht wieder erhöhen.
Die einfachste Kupplung ist die **Schlauchkupplung** (a), die aus einem Stückchen Plastikschlauch besteht, der stramm über die beiden Wellenenden geschoben wird. Nur zur Übertragung geringer Kräfte geeignet. Bei größeren Motoren besteht die Gefahr, daß sich diese Kupplung zu einer ungewollten Rutschkupplung entwickelt.
Eine einfache, auch für größere Motoren verwendbare, **Mitnehmerkupplung** (b) besteht aus zwei Stiften. Von den fest in den Wellen sitzenden Stiften ist der eine U-förmig abgewinkelt.
Für kleine bis mittlere Motoren geeignet ist die flexible **Wellenkupplung** (c), deren Anschlußteile aus Messing, das Kupplungsmittelteil aus besonders elastischem Kunststoff besteht.
Bei der **Federkupplung** (d) besteht die Verbindung zwischen den beiden Anschlußteilen aus einer Feder, die auf zwei angedrehten Rundmessingstücken aufgelötet ist. Der Stahldraht muß so gewählt werden, daß die Feder wohl beweglich bleibt, sich aber nicht stark verwinden darf.
Bei der **Kreuzkupplung** (e) und **Kardan-Gelenkkupplung** (f) ist eine gradlinige Verbindung zwischen den beiden zu verbindenden Wellen nicht erforderlich.

Diese Kupplungen werden häufig dazu verwendet, um von einer geneigten Motorenwelle auf eine waagerechte Schraubenwelle überzugehen.
Die **Rohrkupplung** (g) ist nur da angebracht, wo Antriebs- und Schraubenwelle genau die gleiche Richtung haben. Sie besteht aus einem Stückchen Rundmessing mit dem Durchmesser der Wellen entsprechendem Loch und 2 bis 4 Madenschrauben.
Die bei Dampfmaschinenantrieb bewährte kräftige **Flanschkupplung** (h) ist ebenfalls nur für miteinander fluchtende Wellen geeignet. Jeder der beiden Flansche erhält zwei um 180° versetzte Stifte, die in eine Gummischeibe mit vier im Abstand von 90° angebrachten Löchern eingreifen.

Schiffsantrieb und Ruder

Der eigentliche Schiffsantrieb besteht aus der in dem Stevenrohr gelagerten Schraubenwelle und der Schraube. Zur Vermeidung von Reibungsverlusten wird die Welle nur an den beiden Enden des Stevenrohres gelagert. Die beste Schraubenausnutzung ergibt sich bei einer parallel zur Wasseroberfläche liegenden Schraubenwelle. Da dieses aus konstruktiven Gründen selten zu verwirklichen ist, sollte die Schräglage so gering wie möglich gewählt werden. Wichtig ist, daß durch das Stevenrohr kein Wasser in das Innere des Modells gelangt. Aus diesem Grunde benutzte man früher lange Stevenrohre mit einer starken Schräglage, bei denen sich das innere Ende oberhalb der Wasserlinie befand, so daß auch bei einem leichten Laufsitz der Wellen niemals Wasser eindringen konnte. Bei den heute angebotenen Stevenrohren sind die Lager durchweg so gearbeitet, daß ein leichter Lauf der Welle bei bestmöglichster Wasserabdichtung erreicht wird. Größere Wellen besitzen wasserdichte Druck-Kugellager, die geräusch- und reibungsarmen Lauf sowie hohe Wasserdichtigkeit versprechen und mit einem von einer Kunststoffkappe verschlossenen Öleinfüllstutzen versehen sind. Das Auffüllen des Zwischenraumes von Welle und Stevenrohr mit zähflüssigem Fett bietet wohl einen guten Schutz gegen eindringendes Wasser, verhindert aber gleichzeitig, daß die volle Leistung des Motors an die Schraube gelangt. Eine weitaus bessere Lösung ist, kurz oberhalb des unteren Gleitlagers ein kleines Loch in das Stevenrohr zu bohren und darauf ein ca. 10 mm langes Messingröhrchen zu löten. Auf dieses Röhrchen kommt ein Stück Kraftstoffschlauch, in den Knochenöl gefüllt wird. Solange der Kraftstoffschlauch voll Öl ist, wird die Welle geschmiert und es gelangt kein Wasser in das Boot.
Für das schräg von unten in den Rumpf führende Stevenrohr ist, ebenso wie für den Ruderschaft, ein Verstärkungsklotz an den betreffenden Stellen einzukleben. Bei der Durchbohrung des Rumpfbodens haben sich die in der Abbildung gezeigten beiden Hilfshölzer gut bewährt, die anschließend wieder entfernt werden. Während der auf den Boden geklebte Klotz ein Wegrutschen der Bohrerspitze verhindern soll, hält das am Heck angeschraubte Brett den Bohrer in der gewünschten Schräglage. Die richtige Lage der Hilfshölzer und ihrer Löcher sind aus den Bauzeichnungen zu ermitteln. Da es keine so langen Spiralbohrer gibt, muß ein Bohrer mit entsprechendem Durchmesser angeschaftet werden.

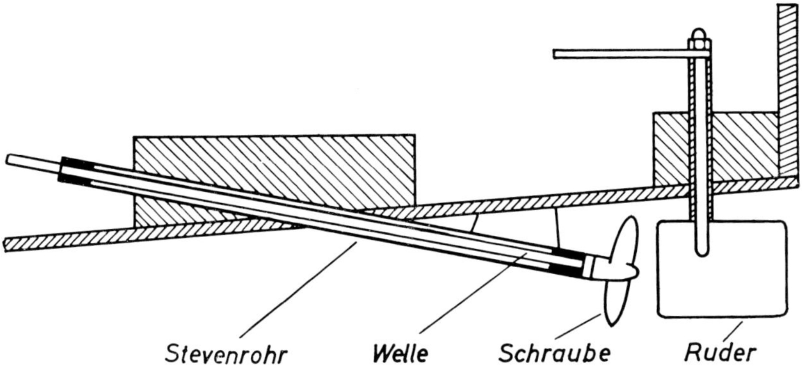

Stevenrohr und Ruderlagerung erfordern in vielen Fällen Verstärkungsklötze

Nachdem die Zeiten vorbei sind, wo man unabhängig von dem jeweiligen Schiffstyp große Geschwindigkeiten zu erreichen suchte, hat das im Schiffsmodellbau am schwierigsten zu lösende Problem — Wahl der richtigen Schraube — an Bedeutung verloren. Heute steht beim vorbildgetreuen Nachbau an erster Stelle die vorbildgetreue Geschwindigkeit, die auch ohne Ausschöpfung der letzten Reserven fast immer erreicht wird. Lediglich bei den auf Geschwindigkeit frisierten Rennbooten müssen zur Erzielung optimaler Leistung Drehzahl, Schraubendurchmesser, Blattform, Steigungswinkel und Flügelzahl aufeinander abgestimmt sein. Für die meisten Modelle brauchen daher lediglich zwei Faktoren miteinander in Einklang gebracht zu werden, nämlich Drehzahl und Schraubendurchmesser. Um jedoch die aufgewendete Energie gut auszunutzen, sollten in allen Fällen Überlegungen angestellt werden, um Verluste so gering wie möglich zu halten.

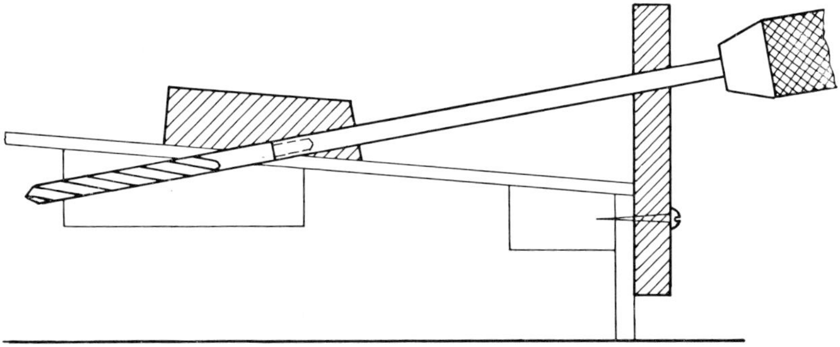

Vorschlag für die Bohrung des Stevenrohres

Die im Großschiffbau üblichen Schleppversuche und Berechnungen zur Ermittlung der Antriebsleistung und Schraubenform sind für den privaten Modellbau nicht möglich. Wenngleich schon des öfteren versucht wurde, für den

Modellbau gültige Formeln aufzustellen, so können sie doch meistens nur unter ganz bestimmten Voraussetzungen mit etwas Erfolg angewandt werden. Schon eine andere Neigung der Schraubenwelle, ein abweichendes Verhältnis Nabe/Blatthöhe, der schwer zu bestimmende Fahrwiderstand des Modells u. ä. können beträchtliche Abweichungen der Rechnung ergeben. Die wirklichen Verhältnisse lassen sich ausschließlich am fahrenden Modell erkennen. Der sich der Schraube entgegensetzende Widerstand verringert sich in dem Maße, wie das Modell Fahrt aufnimmt, da jetzt das Wasser der Schraube entgegenströmt. Infolgedessen nimmt die Drehzahl solange zu, bis sich die durch den Motor aufgebrachte Kraft und die Reibungswiderstände im Wasser die Waage halten.

Wie auf vielen anderen Gebieten lassen sich auch hier Höchstleistungen am besten durch die Auswertung von Versuchsreihen erzielen. Einige grundsätzliche Erkenntnisse besagen: Die Größe der Schraube nicht dem Modellmaßstab anpassen. Für den E-Motoren-Antrieb dreiflügelige Schrauben mit mittlerer Steigung verwenden. Der E-Motor darf durch die im Wasser drehende Schraube nicht zu stark in seiner Drehzahl absinken, da mit steigendem Strom der Wirkungsgrad abnimmt. In diesem Fall Untersetzungsgetriebe und größere Schraube verwenden. Bei Motoren mit hoher Drehzahl zweiflügelige Rennschrauben mit kleiner Steigung einbauen. Zum Ausgleich bei niedrigeren Drehzahlen muß die Steigung dieser Schrauben größer werden. Für eine langsam laufende Dampfmaschine sind die größeren drei- bzw. vierflügeligen Schrauben mit kleiner Steigung am geeignetsten, die viel Wasser mit niedriger Geschwindigkeit nach achtern bewegen.

Es ist unsinnig in ein Modell immer stärkere Motoren einzubauen, wenn auf der anderen Seite die hineingesteckte Leistung von der Schraube in Wasserwirbel statt in Vortrieb umgesetzt wird. Um mit einem kleinen Motor einen günstigen Wirkungsgrad zu erreichen — wobei es sich um einen E-Motor oder Verbrennungsmotor handeln kann — müssen sie möglichst hochtourig sein. Wird eine Schraube direkt mit einem schnellaufenden Motor gekuppelt, entsteht eine Kavitation. Das bedeutet, daß sich im Wasser Wirbel mit Hohlräumen bilden. Mit zunehmender Drehzahl und steigendem Schraubendurchmesser wird auch die Kavitation größer. Damit nimmt aber der Wirkungsgrad der Schraube immer mehr ab, denn es ist ein Unterschied, ob die Schraube im Wasser oder in einem Gemisch mit Luftbläschen arbeitet. Um aus diesen kritischen Bereichen herauszukommen, hilft nur die Herabsetzung der Umdrehungszahl. Da aber mit der niedrigeren Tourenzahl die Leistung sinkt, muß durch Vergrößern des Schraubendurchmessers ein Ausgleich geschaffen werden. Ist der günstigste Schraubendurchmesser bei einem Modell mit E-Motor bekannt, so läßt sich der neue Schraubendurchmesser aus folgender Formel berechnen:

Umdrehungszahl mal Wurzel aus dem Untersetzungsverhältnis. Bei einem Schraubendurchmesser von 30 mm, einer Tourenzahl von 3000 U/min und einer Untersetzung von 3 : 1 beträgt der neue Schraubendurchmesser $30 \times \sqrt{3} = 30 \times 1{,}7 = 50$ mm.

Nicht alle Modelle werden mit nur einer einzigen Schraube angetrieben. Genauso wie die großen Vorbilder teilweise mehrere Schrauben besitzen, erhalten auch die Nachbauten die gleiche Anzahl. Während es beim Einschraubenantrieb gleich ist, ob eine rechts- oder linksdrehende Schraube verwendet wird, sollen beim Antrieb mit zwei Schrauben die einzelnen Schrauben nach außen schlagen. Hierfür wird eine links- und eine rechtsdrehende Schraube eingebaut. In Fahrtrichtung gesehen muß sich dann die Steuerbordschraube rechtsherum und die Backbordschraube linksherum drehen. Erreicht wird dieses einmal durch den Einbau von zwei Motoren oder der Verwendung eines Getriebes. Bei Schnellbooten ist auch ein Dreischraubenantrieb keine Seltenheit. Hier läßt es sich nicht vermeiden, zwei gleichlaufende Schrauben zu verwenden, die dann an die Back- und Steuerbordseite kommen, während die entgegengesetzt laufende Schraube mittschiffs läuft. Ob zwei, drei oder vier Schrauben, immer sollte versucht werden, alle Schrauben in einer Ebene anzuordnen. Bei versetzt angebrachten Schrauben besteht die Gefahr, daß eine Schraube in den Sog einer anderen gerät und dadurch der Schraubenwirkungsgrad sinkt. Da die Schraube bei Fahrt gegen das hintere Gleitlager drückt, kommt zwischen beide eine kleine Stahlscheibe zur Verringerung der Reibungsverluste.

Mit Ruder werden nicht nur die Fortbewegungsmittel von geruderten Booten bezeichnet, sondern auch die Vorrichtungen, die ein Schiff in eine bestimmte Fahrtrichtung bringen. Die weitaus meisten Schiffsmodelle benötigen neben dem Antrieb gleichfalls ein solches Ruder, das sie auf ihren Kurs hält. Ausnahmen machen lediglich die an einer Fesselleine betriebenen Rennboote sowie diejenigen Modelle, bei denen die Steuerung über zwei Schrauben oder Schaufelräder erfolgt.

Zur Erzielung einer guten Steuerwirkung sollen die Ruder immer direkt hinter den Schrauben angebracht sein, so daß sie das nach achtern gedrückte Wasser richtungsmäßig beeinflussen können. Bei Mehrschraubenantrieb erhält zweckmäßigerweise jede Schraube ein Ruder. Wenngleich in den meisten Fällen fertige Ruder verwendet werden, so kann bei besonderen Modellgrößen oder bestimmten Anforderungen auch der Eigenbau eines Ruders in Betracht kommen. Das eigentliche Ruder besteht aus dem Ruderschaft, dem Ruderblatt und der Lagerung. Um den Wasserdruck auf das Ruderblatt niedrig zu halten, erfolgt die Verbindung mit dem Ruderschaft im ersten Drittel des Blattes. Für die Lagerung wird ein Messingröhrchen verwendet, das senkrecht in den mit einem Holzklotz verstärkten Boden eingeklebt wird. Während das Rohr unten nur wenig übersteht, muß es nach oben noch ca. 2 cm über die Wasserlinie hinausgehen. Andernfalls würde, bedingt durch den leichten Gleitsitz des Ruderschaftes im Rohr, Wasser ins Bootsinnere eindringen. Der Ruderschaft besteht aus einem Stück Rundmessing, das am unteren Ende etwa 2—3 cm in der Längsrichtung geschlitzt ist, und in das ein Stückchen Messing- oder Weißblech eingelötet wird. Das obere Ende des Ruderschaftes erhält die Ruderpinne, die bei ferngesteuerten Booten mit der Rudermaschine verbunden wird.

Die Manövrierfähigkeit eines Schiffsmodelles wird vom Ruderausschlag und von der Geschwindigkeit des Fahrtstromes, also der Schiffsgeschwindigkeit bestimmt. Mit erhöhter Fahrt steigt auch die Wirkung des Ruders. Ein langsames Boot ist bei bewegtem Wasser viel schwerer auf seinen Kurs zu halten als ein schnelles Modell. Wind- und Wasserströmungen nehmen ebenfalls Einfluß auf die Ruderwirkung.

Ein großer Ruderausschlag ist nun nicht immer gleichbedeutend mit einer guten Manövrierfähigkeit. Wird bei einem in Fahrt befindlichen Schiff das

Ruder aus der Mittschiffsebene herausgedreht, so trifft der von vorne kommende Fahrtstrom auf eine schräge Fläche. Von den hier wirksam werdenden Kräften verursacht die längsschiffs wirkende Kraft eine Hemmung der Fahrt, während die querschiffs wirkende Kraft Einfluß auf die Drehung des Schiffes nimmt. Die hemmende Wirkung des Ruders steigt mit dem Herausdrehen und ist bei 90° am größten, gleichzeitig nimmt aber die Drehwirkung ab. Theoretisch müßte der günstigste Ruderausschlag bei 45° liegen. Die Praxis hat jedoch gezeigt, daß das optimale Kräfteverhältnis noch darunter liegt, nämlich schon bei einem Ruderwinkel von 30—35°.
Da die Ruderwirkung besonders bei niedrigen Fahrgeschwindigkeiten oftmals zu gering ist und um Wendemanöver auch auf begrenztem Raum ohne Schlepperhilfe durchzuführen, sind im Großschiffbau eine Reihe von Versuchen gemacht worden, um die Manövrierfähigkeit zu erhöhen. Für den interessierten Modellbauer ergibt sich die Möglichkeit, die hier gemachten Erfahrungen auf den Modellbau zu übertragen. Zur Auswahl stehen das Aktivruder, das Bugstrahlruder und das Düsenruder.
Beim Aktivruder befindet sich eine zweite Schraube hinter dem Ruder, die von einem im Ruderblatt eingebauten E-Motor angetrieben wird. Bei querschiffs stehendem Ruder erfolgt ein Drehen fast auf der Stelle. Für den Modellbau ergeben sich zwei Ausführungsformen. Einmal die Übernahme aus dem Großschiffbau mit Einbau eines kleinen E-Motors mit Schraube in das Ruderblatt, wobei die Stromzufuhr über zwei Anschlußlitzen erfolgt. Um den Wasserwiderstand durch den im Ruderblatt eingebauten Motor zu umgehen, bietet sich eine zweite Lösung an. Der Motor bleibt im Modell, und es wird auf die Hauptschraube verzichtet. In das waagerecht verstärkte Ruderblatt wird eine Welle mit Schraube gelagert. Für die mechanische Kraftübertragung genügt bei einem kleinen E-Motor ein Stück Kraftstoffschlauch. Es ist jedoch darauf zu achten, daß sich die Biegestelle genau unterhalb des Drehpunktes für das Ruder befindet. Dieses wird erreicht, wenn der Ruderschaft an die vordere Kante des Ruderblattes kommt und das Blatt so ausgespart wird, daß die Welle erst ca. 15 mm hinter dem Ruderschaft beginnt.
Das Bugstrahlruder hat seinen Platz, wie schon sein Name sagt, am Bug des Schiffes. Hier wurde unterhalb der Wasserlinie ein von der Backbord- zur Steuerbordseite durchgehendes Rohr eingebaut. In diesem Rohr befindet sich mittschiffs eine über zwei Kegelräder angetriebene Wasserschraube. Je nach Drehrichtung der Schraube wird das Wasser von der Steuerbord- zur Backbordseite gedrückt bzw. umgekehrt. Auch hier erfolgt ein Drehen fast auf der Stelle, jedoch mit dem Unterschied, daß beim Aktivruder das Heck bewegt wird und beim Bugstrahlruder der Bug. Zwei Antriebe, die sich gut ergänzen. Je nach Größe des Modells sollte der Schraubendurchmesser zwischen 20 und 30 mm betragen.
Eine wesentlich größere Reaktionsfähigkeit und Wendigkeit als die üblichen Ruder ermöglicht das Mello-Düsenruder, das nach den guten Ergebnissen in der Großschiffahrt auch einmal im Schiffsmodell ausprobiert werden sollte. Bei Versuchsfahrten ergab sich nicht nur ein Geschwindigkeitsgewinn, sondern es wurde bei einer Ruderlage von 60° und voller Maschinenkraft fast im Stand gedreht. Das Mello-Düsenruder besitzt das Profil einer schlanken Tropfenform. Es weist mehrere schräg zur Rudermittellinie angeordnete Kanäle auf, die sich paarweise überschneiden. Dabei tritt das vorne auf der Backbord-Ruderseite

eintretende Wasser hinten auf der Steuerbord-Ruderseite und das vorne auf der Steuerbord-Ruderseite eintretende Wasser hinten auf der Backbord-Ruderseite aus. Während das überkreuz wirkende Kanalsystem bei Mittschiffsruderlage den Kurs stabilisiert, wandelt sich bei Backbord- oder Steuerbord-Ruderlage die stabilisierende Wirkung in Drehkraft um.

Schaufelräder für Oldtimer

Auf Flüssen mit starker Gegenströmung wird das Schaufelrad oftmals dem Propellerantrieb vorgezogen. Ursprünglich befanden sich die Schaufelräder der Flußdampfer hinter dem Ruder am Heck. Typische Vertreter dieser Antriebsart waren u. a. die älteren Mississippidampfer. Später ging man dazu über, je ein Schaufelrad an beiden Seiten anzubringen. Noch heute verkehren auf vielen größeren Flüssen und Seen Seitenraddampfer. Bedingt durch den guten Wirkungsgrad beim Schleppen auf flachem Wasser wurde der Seitenradantrieb immer weiter verbessert. Die anfangs feststehenden Schaufeln wurden beweglich angebracht und durch Hebel und Gestänge gesteuert, so daß sie senkrecht ein- und austauchen.

Heckradantrieb eines alten Mississippidampfers

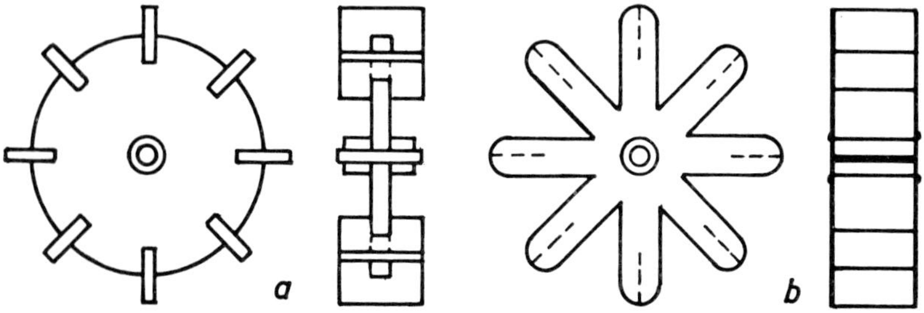

Anregungen für die Ausführung von Schaufelradantrieben

Im Modellbau werden fast ausschließlich Schaufelräder mit festen Schaufeln verwendet. Der hiermit erzielbare Wirkungsgrad ist naturgemäß geringer als bei Schaufeln, die unabhängig von ihrer Stellung senkrecht ins Wasser eintauchen, dort ihre senkrechte Lage behalten und auch so wieder austauchen. Da bei Raddampfer-Modellen die vorbildgetreue Geschwindigkeit nicht gerade groß ist, fällt der schlechtere Wirkungsgrad meistens nicht ins Gewicht. Außerdem brauchen die Modelle nicht gegen starke Strömungen anzukämpfen wie ihre großen Vorbilder.
Für den Bau starrer Schaufelräder bieten sich neben anderen zwei Ausführungsformen an. Bei dem unter a) gezeigten Vorschlag werden in eine Scheibe aus dünnem Sperrholz oder Hartpapier die entsprechende Anzahl Schaufeln aus gleichem Material eingeklebt. Für die Aufnahme der Antriebswelle wird die Mitte des Schaufelrades durch eine Buchse verstärkt. Die Bauform b) erfordert einen etwas größeren Aufwand. Hier werden die einzelnen Blechschaufeln zwischen zwei achtflügeligen Blechsternen eingelötet. Nach dem Ausarbeiten der beiden Seitenteile werden diese auf eine beiderseitig angedrehte Messingbuchse gesteckt und vernietet bzw. verlötet. Danach erfolgt das Einlöten der Schaufeln. Von einer Maßangabe wurde bewußt Abstand genommen, da diese von der jeweiligen Modellgröße abhängig ist.

Modelle nach Bauplänen

Wer sich weder für Plastikmodelle noch für Modelle aus dem Baukasten begeistern kann, dem bleibt die Erstellung eines Schiffsmodells nach einem Bauplan. Da das Angebot an Schiffsmodell-Bauplänen begrenzt ist, wird mancher sich seinen Wunschtraum nicht erfüllen können, sondern muß sich einem ähnlichen Modell zuwenden. Dem erfahrenen Modellbauer bietet sich die Konstruktion eines eigenen Bauplanes. Ihm fällt es meistens nicht schwer, technisch und wissenschaftlich mögliche Modelle nachzuempfinden, da in öffentlichen Bibliotheken und Museen vielfach Anregungen gefunden werden können.

Während bei einigen Bauplänen alle Einzelteile wie Spanten, Kielleiste, Deck, Teile der Aufbauten u. a. maßstäblich gezeichnet sind, so daß die Hölzer danach ausgesägt werden können, enthalten die meisten Pläne nur Ansichten und Risse. Welche Voraussetzungen muß nun ein Bauplan erfüllen, nach dem ein Modellbauer arbeiten kann? Jeder Bauplan soll klar und deutlich das Aussehen des Vorbildes in der Seitenansicht, der Decksdraufsicht sowie der Bug- und Heckansicht wiedergeben. Hierbei zeigt die Seitenansicht das Schiff in seinem endgültigen Aussehen. Die Decksdraufsicht vermittelt das Bild des fertigen Schiffes von oben gesehen. Die Bug- und Heckansicht bringt das Schiff in der Betrachtung von vorn und achtern. Ergänzt werden diese Ansichten durch drei Risse, die Schnitte darstellen, die den Schiffsrumpf waagerecht, senkrecht und in der Querrichtung zerteilen. Der Längslinienriß, auch Längenlinienriß oder Seitenlinienriß genannt, stellt den vertikal in der Längsrichtung durchschnittenen Rumpf von der Seite gesehen dar. Der Wasserlinienriß zeigt den mehrfach in der Waagerechten zerschnittenen Rumpf. Für Modelle in der Waagerecht-Schichtbauweise können aus diesem Riß vielfach die Abmessungen der einzelnen Schichtbretter entnommen werden. Aus dem Spantenriß ergeben sich die Querschnitte des Rumpfes an den im Längs- und Wasserlinienriß ersichtlichen Stellen. Nach ihm werden, unter Berücksichtigung der Wandstärke, die einzelnen Spanten ausgesägt. Es ist zu beachten, daß der Übersichtlichkeit halber im Spantenriß die Spanten oft nur halbseitig wiedergegeben werden, und zwar links von der Mittellinie die vom Hauptspant (breitester Spant des Schiffes) bis zum Heck, und rechts von der Mittellinie die vom Hauptspant bis zum Bug. Weitere Zeichnungen sollen alle nicht aus den Ansichten erkennbare Aufbauten und Einzelteile zeigen. Als vorteilhaft für den naturgetreuen Nachbau erweisen sich in jedem Fall zusätzliche Fotos des großen Vorbildes.

Welcher Maßstab für das geplante Modell gewählt wird, hängt von dem Verwendungszweck und der gewünschten Größe ab. Nicht immer decken sich die gewünschten Modellabmessungen mit denen des vorliegenden Bauplanes. Vielfach sind die Risse zu klein, so daß sie vergrößert werden müssen. Das wohl am häufigsten angewendete Verfahren besteht darin, die Originalzeichnung mit einem Rasternetz zu überziehen und dann die einzelnen Schnittpunkte

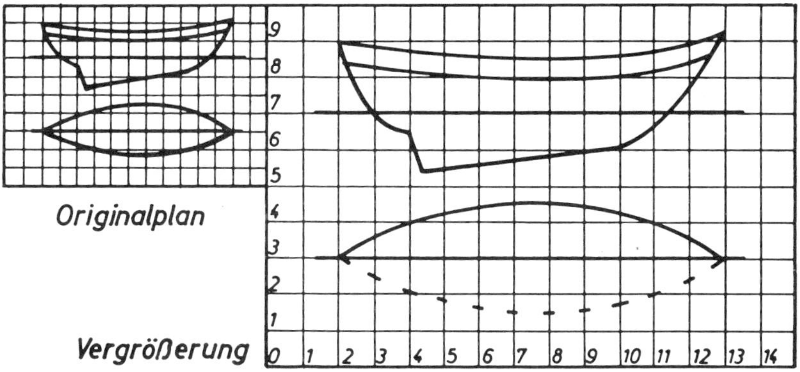

auf ein vergrößertes Rasternetz zu übertragen. Anschließend werden die Punkte dem Vorbild entsprechend miteinander verbunden. Bei dem hier gezeigten Beispiel wurden die ursprünglichen Abmessungen verdoppelt. Es kann sich also um eine Vergrößerung von 1 : 200 auf 1 : 100, von 1 : 100 auf 1 : 50 oder von 1 : 50 auf 1 : 25 handeln.
Wenn es von einem Schiff keinen Bauplan, wohl aber ein kleineres Plastikmodell gibt, so läßt sich mit etwas Geschick auch ein Modell nach einem Modell bauen. Um zu dem wichtigen Spantenriß zu kommen, werden Postkarten oder gleichwertiger Karton in ca. 20 mm breite Streifen geschnitten und in der Höhe des Rumpfes übereinander gelegt. Damit die aufgeschichteten Kartonstreifen nicht auseinanderfallen, werden sie mit einem nicht zu schmalen zusammengeklebten Papierstreifen gehalten. Wird die Schmalseite des Streifenpäckchens gegen die Außenhaut des Plastikrumpfes geschoben, ergibt sich dessen genaue Form. Beim Entfernen der Kartonstreifen vom Modell ist darauf zu achten, daß sich diese nicht verschieben. Die so gewonnene Linie wird auf Millimeterpapier übertragen. Nach mehrmaliger Wiederholung an den verschiedenen Punkten ergibt sich ein kompletter Spantenriß. Genauer gesagt, es wurde die äußere Form des Rumpfes gefunden, denn für die Festlegung der Spanten muß noch die Stärke der Außenhaut abgezogen werden. Der Vorteil bei der Verwendung von Millimeterpapier liegt darin, daß sich die Abmessungen leicht vergrößern lassen. Da die Plastikmodelle durchweg Verkleinerungen in einem ungeraden Maßstab darstellen, sollte bei der Vergrößerung darauf geachtet werden, für das Modell nunmehr einen geraden Maßstab, z. B. 1 : 50 oder 1 : 100, zu erhalten.
Auf den folgenden Seiten werden einige Modelle nach Bauplänen unter Berücksichtigung der möglichen Ausführungsarbeiten beschrieben.

Bauplatz Helling

Im Großschiffbau wird jedes Schiff auf dem Platz gebaut, von dem es später ins Wasser gelangt. Dieser Bauplatz, der gleichzeitig die Ablaufbahn ist, wird Helling genannt. Für die meisten Rumpfbauweisen von Schiffsmodellen wird ebenfalls eine Helling benötigt. Unsere Helling besteht aus einem Brett, dessen Abmessungen von der Größe des zu bauenden Rumpfes abhängig sind. Zweckmäßigerweise soll das Brett etwas länger als der Rumpf sein. Nicht erforderlich ist, daß es die gleiche Breite hat oder breiter als der Rumpf ist.

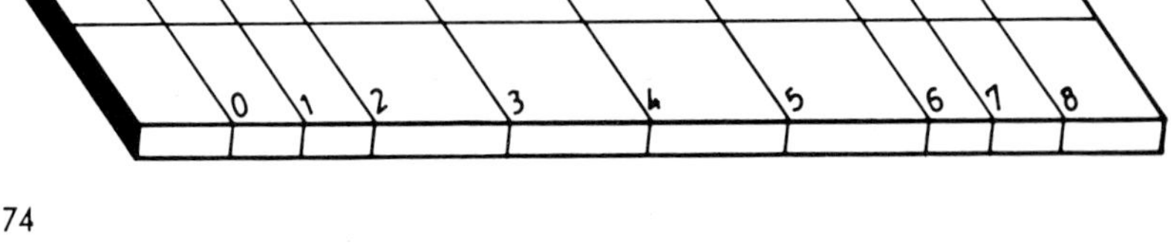

Das Hellingbrett muß so stabil sein, daß ein Verwerfen des Holzes nicht möglich ist. Wirft bzw. verzieht sich das Brett, erhält der Rumpf einen Drall. Das idealste Material für das Hellingbrett ist eine Tischlerplatte, ca. 19 mm stark. Gleichzeitig geeignet sind die aus zusammengeleimten und gepreßten Holzspänen bestehenden Spanplatten. Die dritte Möglichkeit besteht in der Verwendung eines Kiefernholzbrettes. Um ein Verziehen des Holzes zu verhindern, müssen vorn, in der Mitte und hinten je eine kräftige Leiste quer zur Faserrichtung des Hellingbrettes festgeleimt oder aufgeschraubt werden. Das Hellingbrett erhält eine ständig bleibende Mittellinie. Die den Spantabständen entsprechenden Querlinien sollen entfernbar sein, um das Brett erneut zu verwenden. Mit zwei Schraubzwingen läßt sich das Hellingbrett auf dem Werktisch befestigen.
Während bei der Waagerecht-Schichtbauweise (s. a. S. 27) das Hellingbrett zwei senkrechte Bohrungen zur Aufnahme der Paßstifte erhält, erfolgt bei der Leistenbauweise (s. a. S. 29) auf Spanten zuerst die Aufstellung der Spanten. Um eine evtl. Wölbung des Decks zu berücksichtigen und um den Rumpf nach der Beplankung leicht vom Hellingbrett entfernen zu können, werden die Spanten nicht direkt auf das Brett gesetzt, sondern über Hellingstege mit Abstand angebracht. Für die Befestigung auf dem Hellingbrett dienen Kiefernleisten oder Holzklötzchen, die sich nach Beendigung der Arbeiten schnell wieder entfernen lassen.

Elektro-Motorboot

Bei einem Schiffsmodell, das nach einem großen Vorbild gebaut wird, sind — bedingt durch den Verkleinerungsmaßstab — alle Abmessungen gegeben. Ganz anders verhält es sich z. B. bei der Eigenkonstruktion eines Sportbootes. Neben einer gefälligen äußeren Form soll das Boot gut im Wasser liegen und eine gewisse Fahrgeschwindigkeit erreichen. Die Größen dieser Boote liegen im allgemeinen zwischen 50 und 100 cm, wobei die untere Grenze durch den Umfang der Einbauten, wie Antrieb und einer evtl. Fernsteueranlage mit Rudereinrichtung, bestimmt wird.
Bei dem hier beschriebenen Elektroboot handelt es sich um ein auch von einem Anfänger ohne großen Werkzeugbedarf leicht nachzubauendes Knickspantermodell mit einer Länge von 650 mm über alles. Bedingt durch die eckigen Formen der Spanten sind weder ein Spantenriß noch besondere Spantzeichnungen erforderlich. Hier genügt lediglich eine Spantentabelle. Die Spantabstände und weiteren Maße für die Aufbauten sind aus der Seitenansicht und Draufsicht zu entnehmen.
Zur Bauvorbereitung wird ein stabiles ca. 70 × 10 cm großes und absolut gerades Brett als Helling hergerichtet. Auf dem Brett werden in Längsrichtung die Mittellinie und quer hierzu die einzelnen Spantabstände aufgezeichnet.
Der eigentliche Bau beginnt mit dem Aufzeichnen der Spanten auf 4 bis 5 mm starkem Buchensperrholz nach den Maßen aus der Spantentabelle. Hiernach folgt das Aussägen der äußeren Spantformen unter Berücksichtigung der Ausschnitte für die 15 × 8 mm starke Kielleiste sowie den 8 × 3 mm starken Kimm- und Decksleisten. Zur Gewichtserleichterung und Platzgewinnung im Innern des Bootes werden die Spanten mit Ausschnitten versehen, bei denen

ein etwa 10 mm breiter Steg verbleibt. Um dem Rumpfgerippe beim Zusammenbau eine größere Stabilität zu geben, werden die in der Spanten-

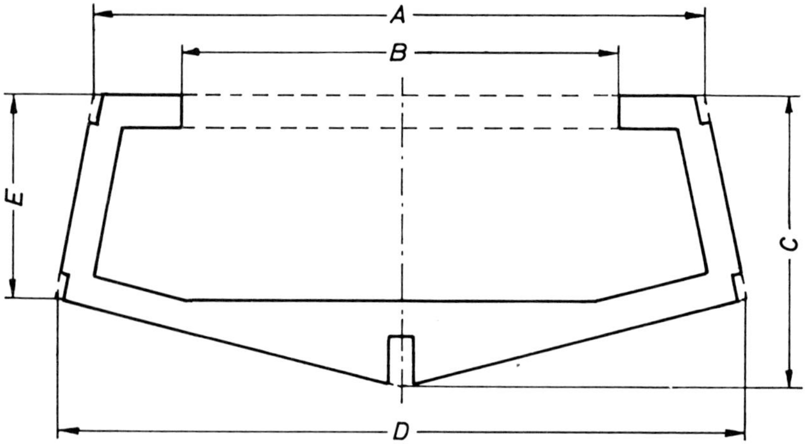

Spant 4, die Abmessungen der übrigen Spanten ergeben sich aus der Spantentabelle

Spantentabelle

Spt.	1	2	3	4	5	6	7	8
A	128	152	172	188	198	205	195	150
B		108	134	134	134	134	126	
C	53	59	73	86	95	98	95	88
D	148	182	200	210	208	190	146	80
E	53	52	56	60	64	63	58	53

tabelle unter B angeführten Ausschnitte erst nach dem Aufkleben der Decksplatte vorgenommen. Ferner ist darauf zu achten, daß die Spanten 1 und 8 keine inneren Aussparrungen erhalten, sondern durchgehende Flächen bilden. Für das Aufstellen der Spanten auf dem Hellingbrett werden zusätzlich 20 × 20 mm starke Kiefernleisten benötigt. Diese Leisten sollen jeweils 15 mm kürzer sein als die Spantbreite an der Decksseite, damit die Decksleisten (Decksstringer) hiervon freigehen. Die Spanten werden mit zwei kleinen Nägeln auf der halben Breite der Hellingstege befestigt. Der Abstand von 10 mm ist erforderlich, um den Rumpf nach dem Beplanken wieder vom Hellingbrett zu lösen. Die mit den Leisten versehenen Spanten werden dann mit zwei

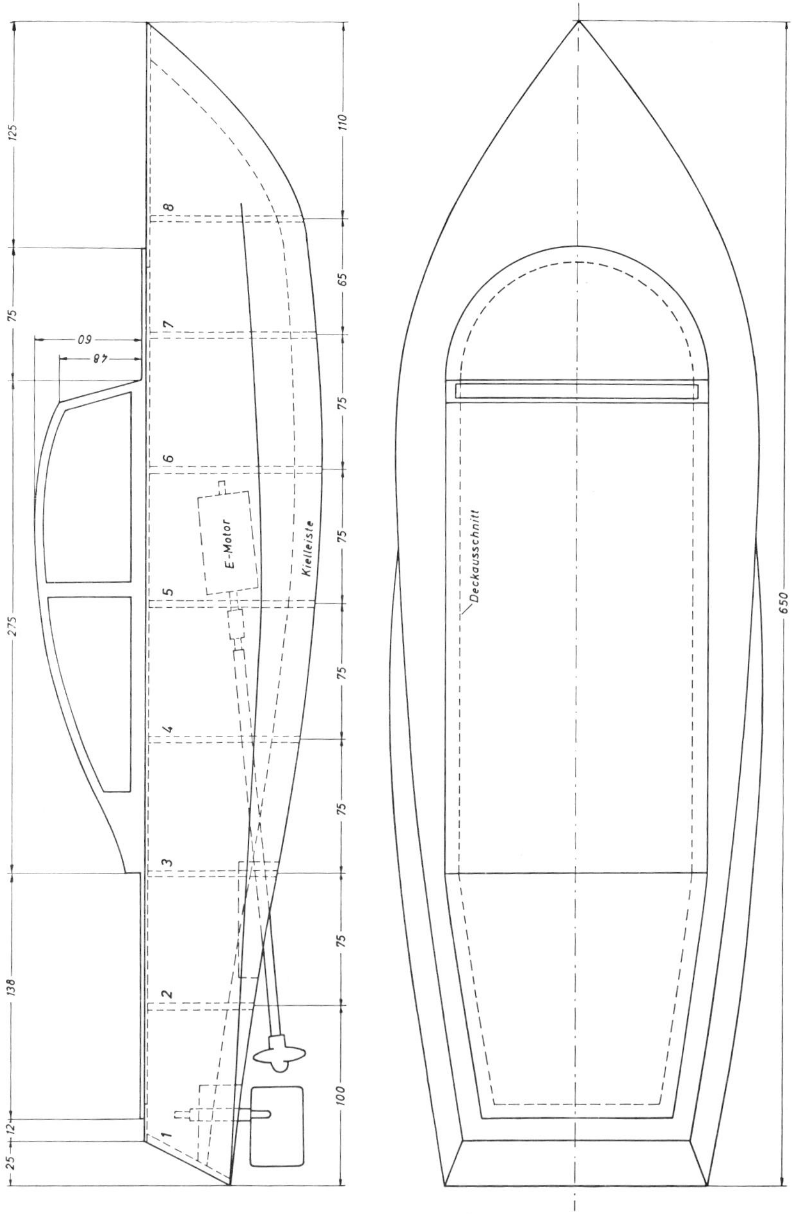

Seiten- und Draufsicht eines Motorbootes

etwas größeren Nägeln auf das Hellingbrett geheftet. Wichtig ist, daß die Spanten rechtwinklig zur Mittellinie angebracht werden und die Mittellinien der Spanten mit der Mittellinie des Hellingbrettes übereinstimmen. Die Kielleiste und der Steven werden in einer Breite von ca. 15 mm aus 8 mm starkem Sperrholz ausgesägt, eingepaßt und nach Berichtigung etwaiger Ungenauigkeiten eingeklebt. Die ganze Länge läßt sich auch in zwei oder drei Einzelstücken aufteilen. Eine zusätzliche Festigkeit der Verbindungsstellen wird erreicht, wenn sie in die Mitte der Spantstärke gelegt werden. Nachdem das Rumpfgerippe durch die eingeklebte Kielleiste einen gewissen Halt gefunden hat, werden die 8 × 3 mm Kimm- und Decksleisten ebenfalls eingepaßt und eingeklebt. Bis zum Abbinden des Klebers werden die Leisten durch kleine halb eingeschlagene Nägel in ihrer Lage gehalten. Nach dem Trocknen werden die einzelnen Spanten einschließlich der Leisten unter Verwendung einer Straklatte geschmiegt. Das bedeutet, die Form nach den Rumpfenden so abzuschrägen, daß die Beplankung später auf der ganzen Sperrholzstärke aufliegt.

Die Beplankung der Seiten und des Bodens erfolgt mit 1 bis 1,5 mm starkem Sperrholz. Aus Zeichenkarton werden Schablonen angefertigt und hiernach die Sperrholzplatten ausgeschnitten. Während des Trockenvorganges lassen sich die Planken durch starke Wäscheklammern oder Nägel in ihrer Lage halten. Danach werden die überstehenden Teile mit Raspel, Feile und Glaspapier entfernt und der Rumpf vom Hellingbrett genommen.

Jetzt fehlt nur noch das Deck, für das 1,5 bis 2 mm Sperrholz ausreicht. Die Umrisse des Decks werden durch Auflegen des Rumpfes auf die Sperrholzplatte gefunden. Vor dem Aufkleben müssen jedoch noch die inneren Aussparrungen ausgeschnitten werden, deren Abmessungen sich aus der Zeichnung ergeben. Dann wieder warten, Kanten und Ecken bündig arbeiten und zuletzt die oberen Stege der Spanten heraussägen. Um dem Stevenrohr und der Ruderhalterung einen besseren Halt im Boot zu geben, werden an den entsprechenden Stellen im Boot Verstärkungsklötze eingeklebt. Die Lage des Sockels für den E-Motor — z. B. Monoperm-Spezial — ergibt sich aus der Länge des Stevenrohres. Die Stromquellen sind lagemäßig so unterzubringen, daß sie eine gute Schwimmlage des Bootes unterstützen. Um sie nicht auf den dünnen Sperrholzboden zu stellen, erhalten sie als Unterlage ein Sperrholzbrettchen.

Das Deck einschließlich der Kabine wird als ein Stück gefertigt, um mit wenigen Handgriffen das Bootsinnere freizulegen. Als Material dient dünnes Sperrholz oder Balsaholz. Unabhängig von den Zeichnungen, die nur Anregungen sein sollen, können hier eigene Ideen verwirklicht bzw. das Deck mit Pollern, Positionslampen u. ä. ergänzt werden. Gleichfalls unbenommen bleibt es dem Einzelnen, Rumpf und Deck im Naturholzton zu belassen oder es farbig zu lackieren. Ebenfalls sind Zwischenlösungen möglich, wie lackierter Rumpf und Aufbauten in Naturholzton.

Mississippi-Heckraddampfer

Bauplan und Bauart dieses 102 cm langen Mississippidampfers weichen von der allgemein üblichen Form ab. Der Plan zeigt wie alle anderen die Seiten-

ansicht, die Draufsicht sowie die Bug- und Heckansicht, jedoch in der halben Modellgröße. Aufbauten und Einzelteile sind in der endgültigen Größe dargestellt und in einer Stückliste zusammengefaßt.
Das einzigste Verkehrsmittel auf dem über 3000 km langen schiffbaren Teil des Mississippi waren in der Pionierzeit Amerikas die „Steamboats of the Mississippi". Bedingt durch die stellenweise geringe Wassertiefe war die Eintauchtiefe der Boote begrenzt. Aus diesem Grunde konnte der Antrieb nicht über eine Schiffsschraube, sondern mußte durch ein am Heck befindliches Wasserrad erfolgen. Als Kraftquelle diente eine Dampfmaschine, für deren Kessel als Heizmaterial nur Holz zur Verfügung stand. Für die Unterbringung der Passagiere, Fahrzeuge und Fracht erhielt das Schiff drei Stockwerke, auf derem obersten sich die Steuermannskabine befand. Um die Fahrgäste vor der starken Rauchentwicklung zu schützen, wurden an beiden Seiten hohe Schornsteine aufgestellt und mit Drahtseilen verspannt. Die geringe Geschwindigkeit der Mississippi-Dampfer störte kaum, denn damals hatte man noch wesentlich mehr Zeit als heute.
Bei dem aus einer Bodenplatte, je einem Bug- und Heckklotz sowie zwei Seitenwänden bestehenden Rumpf entfällt das Aussägen von Spanten und das anschließende Beplanken. Obwohl das Modell durch seine breite und flache Rumpfform bereits eine gute Stabilität besitzt, sollten die Aufbauten durch Verwendung von Balsaholz gewichtsmäßig möglichst niedrig gehalten werden. Je tiefer nämlich der Gewichtsschwerpunkt zu liegen kommt, umso weniger wird ein Seitenwind das Schiff zum Krängen bringen.

Die Besonderheiten dieses Modells liegen in dem Antriebsrad, das aus 4 Sperrholzringen, 4 Sperrholzscheiben, 12 Ruderblättern und 48 Radspeichen besteht und in der Verkleidung seiner Aufbauten. Da die Balsaholzwände sehr weich sind, werden sie auf den Außenseiten mit in Modellbau-Fachgeschäften erhältlichen vorgefertigten Riemchen beklebt. Sie bestehen aus 4 mm breiten Rüster- und 1 mm breiten schwarzen Ebenholzstreifen. Für das Deck wird Mahagoni mit Ahornstreifen (rot und weiß) verwendet.

Schwerer Kreuzer „Prinz Eugen"

Obwohl bei den Marinefahrzeugen vielfach die Schnellboote bevorzugt werden, bietet ein Modell des Schweren Kreuzers „Prinz Eugen" eine reizvolle Beschäftigung für den ernsthaften Modellbauer. Bei einer Originallänge von 212,5 m ergibt sich bereits im Maßstab 1 : 200 eine Modellänge von 106 cm, die bei einem schwimmfähigen Modell den Einbau eines Antriebes und einer Fernsteueranlage einschl. der Stromversorgung und Rudermechanismen erlaubt. Da es beim Fahrbetrieb kaum ausbleibt, daß Beschädigungen an den Details auftreten, werden die Aufbauten zweckmäßigerweise in etwas einfacherer Weise als es der Plan zeigt, erstellt.

Nachbauten schneller Kriegsschiffe wirken infolge ihrer geringen Breite im Wasser bei stärkeren Kursänderungen oftmals leicht unstabil. Um den Schwerpunkt möglichst tief zu legen und damit der Labilität entgegenzuwirken, werden für die Aufbauten leichte Holzarten wie Balsa oder Abachi gewählt. Um die verhältnismäßig weichen Oberflächen widerstandsfähiger zu machen, werden vor dem Lackieren die geraden Flächen mit 0,3 mm starkem Hartpapier beklebt bzw. mit einer Polyesterschicht überzogen. Wenngleich auch das vorbildgetreue Aussehen darunter leidet, kann zur Erreichung von mehr Stabilität und damit besseren Fahreigenschaften der Tiefgang etwas vergrößert werden. Dieses geschieht in der Schichtbauweise durch Einfügen eines zusätzlichen Schichtbrettes unterhalb der Wasserlinie bzw. der Veränderung der Spanten um 1 bis 2 cm in der Höhe. Der hierdurch entstandene größere Auftrieb muß durch zusätzlichen Ballast ausgeglichen werden, um das Modell vorbildgetreu bis zur KWL eintauchen zu lassen. Vielfach tragen auch überhöhte Geschwindigkeiten und zu starke Ruderausschläge zur unnatürlichen Schräglage der Modelle im Wasser bei. Eine Erscheinung, die oftmals durch Einhaltung der vorbildgetreuen Geschwindigkeit weitestgehend vermieden werden kann. Die relative Geschwindigkeit, die bei einer Verkleinerung im Maßstab 1 : 200 dieselben physikalischen Strömungsverhältnisse im Wasser ergeben, beträgt bei der „Prinz Eugen" 1,2 m in der Sekunde.

Wer weniger am Fahrbetrieb als an einer exakten Nachbildung interessiert ist, wird sich für ein Ansichtsmodell entscheiden. Bei ihm lassen sich die vielen Einzelheiten am Rumpf und den Aufbauten viel besser und detaillierter herausarbeiten. Standmodelle können sowohl mit wie auch ohne Unterwasserschiff gebaut werden. Hierbei entfällt nicht nur die innere Ausarbeitung des Rumpfes, sondern auch die Suche nach leichtem Material für die Aufbauten. Um das Modell noch besser zu schützen, kann es seinen Platz unter einer Glasvitrine erhalten.

Wer sich für die eine oder andere Form dieses Schiffes entscheidet, muß sehr viel Zeit und Geduld aufbringen. Nur dann wird er und alle Betrachter am Ende ihre Freude daran haben.

Das nebenstehende Bild zeigt den erstklassig gebauten Kreuzer im Maßstab 1 : 100 eines süddeutschen Modellbauers. Die Bauzeit betrug ca. 4500 Stunden in rund 5 Jahren.

Aus Platzgründen kann auf der folgenden Seite nur ein Ausschnitt des Planes im Maßstab 1 : 200 wiedergegeben werden.

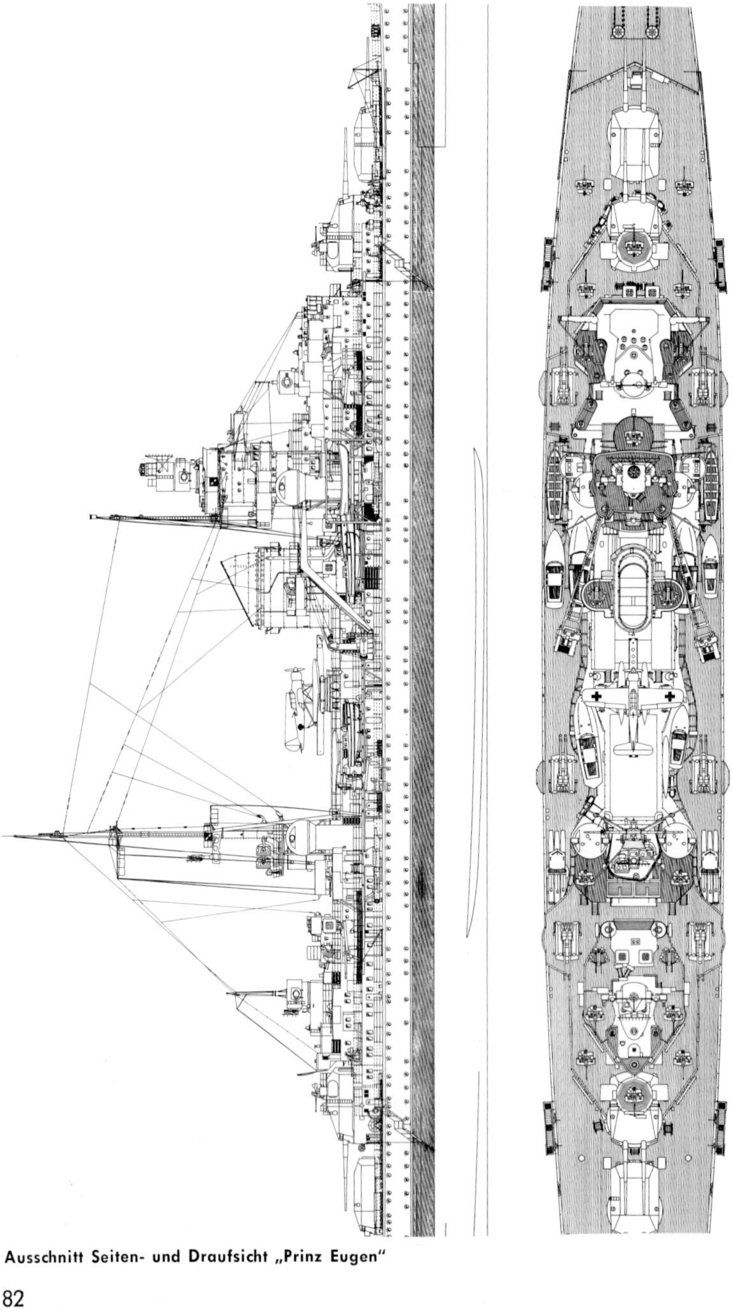

Ausschnitt Seiten- und Draufsicht „Prinz Eugen"

Fährschiff „Kronprins Harald"

Je bekannter ein Schiff ist, umso häufiger wird es im allgemeinen nachgebaut. Das Bekanntwerden kann nun mehrere Ursachen haben. Eine davon ist das Kennenlernen eines Schiffes beim Besuch einer Hafenstadt. Jeder der zur Olympiade oder einer anderen Zeit Kiel besucht hat, wird am Oslo-Kai ein Fährschiff der Jahre-Line gesehen haben, nämlich MS „Prinsesse Ragnhild" oder MS „Kronprins Harald". Alle Besucher Skandinaviens — der nördlichen Halbinsel von Europa — müssen, sofern sie nicht das Flugzeug benutzen, einen Teil der Fahrt mit einem Fährschiff zurücklegen. Die längste aber auch bequemste Reise führt mit einem der vorgenannten Schiffe von Kiel nach Oslo. Sechsmal in der Woche befährt eines dieser Fährschiffe in etwa 19 Stunden die ca. 670 km lange Strecke, was einer Reisegeschwindigkeit von etwa 20 Knoten in der Stunde entspricht. Die Abfahrt von Kiel oder Oslo ist jeweils mittags, die Ankunft am Zielort am nächsten Morgen. Auf dem „Kronprins Harald" bieten Restaurants, Salons und Bars den etwa 500 Passagieren in der 1. Klasse und in der Touristenklasse den Komfort eines großen Hotels. In beiden Klassen gibt es nur Zweibettkabinen, geräumig, praktisch eingerichtet und vollklimatisiert. Sonnendecks mit Liegestühlen, Tanz- und Unterhaltungsmusik sowie Stabilisatoren, die dem Seegang entgegenarbeiten, tragen zu einer angenehmen Überfahrt bei. Gleichzeitig können 120 Autos mit auf die Reise genommen werden.
Der Bauplan des Fährschiffes „Kronprins Harald" zeigt die für einen Modellbau erforderliche Seitenansicht, Draufsicht sowie Bug- und Heckansicht im Maßstab 1 : 200. Ferner den für den Rumpfbau wichtigen Spantenriß sowie die Längen- und Wasserlinien. Wem die Modellänge von 69 cm zu klein ist, kann mittels des zweiten Spantenrisses im Maßstab 1 : 100 die Abmessungen verdoppeln.

Segelschulschiff „Gorch Fock"

Neben den vielen Plänen für historische Segelschiffsmodelle gibt es infolge Fehlens großer Vorbilder kaum einen Bauplan aus der heutigen Zeit. Eine Ausnahme macht hier das Segelschulschiff der Bundesmarine „Gorch Fock". Wenngleich die Blütezeit der großen Segelschiffe endgültig vorbei ist, so erhalten doch auch heute noch die Offiziersanwärter vieler Marinen ihre Ausbildung auf Segelschulschiffen. Es geht hierbei nicht darum, den jungen Seeleuten, die später einmal auf den modernsten Schiffen ihren Dienst versehen werden, die Grundbegriffe des Segelns zu vermitteln. Die Fahrten dienen vielmehr der charakterlichen Festigung der in kameradschaftlicher Weise verbundenen Seekadetten im oftmals harten und nicht immer ungefährlichen Kampf gegen Sturm und See. Darüber hinaus werden durch Auslandsfahrten und Besuche fremder Länder Brücken zu anderen Völkern geschlagen.

Schon 1933 wurde ein deutsches Segelschulschiff in Erinnerung an den in der Skagerak-Schlacht gefallenen Schriftsteller Johann Kinau von der Elbeinsel Finkenwerder bei Hamburg, der unter seinem Pseudonym „Gorch Fock" Romane und Erzählungen schrieb und durch sein Buch „Seefahrt tut not" bekannt wurde, auf diesen Namen getauft. Dieses Schiff sowie zwei weitere Schulschiffe mußten 1945 an fremde Marinen abgegeben werden, wo sie noch heute ihren Dienst versehen. Die neue Dreimastbark „Gorch Fock", ein elegantes schneeweißes Schiff mit schlank geschnittenem Bug und kraftvoll vorstrebendem Klüverbaum, wurde bei der Hamburger Werft Blohm & Voß gebaut und 1958 in den Dienst der Bundesmarine gestellt.

Bei Besuchen fremder Marineeinheiten und Einheiten der BM in deutschen Nord- und Ostseehäfen werden die Schiffe häufig zur Besichtigung freigegeben. Hier kann der Modellbauer, von geringen Ausnahmen abgesehen, auf Deck alle ihn interessierenden Details im Bild festhalten.

Feuerlöschboot „Düsseldorf"

Gegenüber den Fracht-, Passagier- und Kriegsschiffen besitzen die ausgesprochenen Zweckfahrzeuge in den meisten Fällen nur einen begrenzten Aktionskreis, so daß sie nicht sehr bekannt sind. Der Nachbau eines Feuerlöschbootes ergibt ein attraktives Modell in einer leuchtend roten Farbe.
Für den Brand- und Katastrophenschutz auf dem Rhein zwischen Bonn und Emmerich sind die den gleichnamigen Branddirektionen unterstellten Feuerlöschboote KÖLN, DUISBURG und DÜSSELDORF eingesetzt. Bei den von der Rheinwerft GmbH & Co., Mainz-Mombach, gebauten Einheiten handelt es sich um die z. Z. größten und leistungsfähigsten Feuerlöschboote. Die mit einem Druck von 10,5 atü arbeitenden Wasserwerfer haben eine Wurfweite von 94 m und eine Wurfhöhe von 46 m. Bei einer Motorenleistung von 1260 PS erreichen die Boote Geschwindigkeiten von 42 km/h bei Talfahrt, 36,5 km/h im stehenden Wasser und 31 km/h bei Bergfahrt. Um den Booten eine gute Manövrierfähigkeit zu geben, laufen 2 Propeller vor 4 Rudern.
Die Decks und die aus Steuerhaus, Bedienungs-, Ambulanz- und WC/Waschraum bestehenden Aufbauten sind aus Leichtmetallblechen gefertigt. Im Steuerhaus sind untergebracht bzw. können von dort bedient werden: Steuerpult, Überwachung der Motoren und E-Anlage, Krängungs- und Ruderlagenanzeiger, Sichtgerät der Radaranlage, Funk- und Bordsprechanlage, Scheinwerfer und Außenrufanlage. Schaumextrakt, Hochdrucknebelpumpe, gasdicht verschließbare Räume und selbsttätig auslösende Explosionsschutzklappen in den Ansaugleitungen der Motoren, je 12 A- und B-Schlauchanschlüsse sowie eine

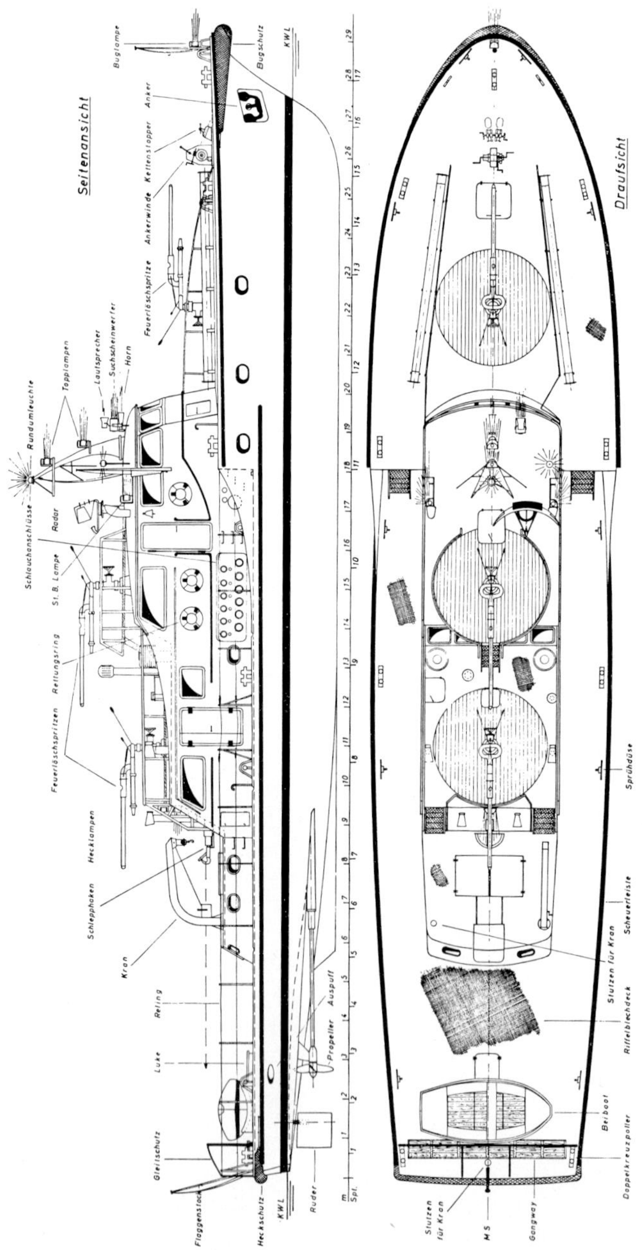
Seitenansicht
Draufsicht
Buglampe
Anker
Kettenstopper
Ankerwinde
Feuerlöschspritze
Bugschutz
KWL
Topplampen
Lautsprecher
Suchscheinwerfer
Horn
Rundumleuchte
Schlauchanschlüsse
Radar
St. B. Lampe
Rettungsring
Feuerlöschspritzen
Hecklampen
Schlepphaken
Kran
Reling
Luke
Gleitschutz
Flaggenstock
Heckschutz
Ruder
Propeller
Auspuff
m
Spl.
Sprühdüse
Scheuerleiste
Stutzen für Kran
Riffelblechdeck
Beiboot
Doppelkreuzpoller
Gangway
MS

Anzahl über das Deck verteilter Sprühdüsen, die das Schiff im Gefahrenfalle vor zu großer Hitze in einen Wassernebel hüllen, ermöglichen einen vielseitigen und erfolgreichen Einsatz.

Die Länge des Feuerlöschbootes beträgt 29,3 m über alles. Für den Nachbau kommen die geraden Maßstäbe 1 : 50 und 1 : 25 in Betracht, die Modellängen von 58,5 bzw. 117 cm ergeben. Für ein Stand- und Anschauungsmodell genügt der Maßstab 1 : 50. Auch in dieser Größe läßt sich das Modell schwimmfähig herrichten und bietet genügend Platz für einen Antrieb und eine einfache Fernsteuerung mit den Funktionen rechts — geradeaus — links sowie vorwärts und rückwärts.

Wer aber schon ein Zweckfahrzeug baut, möchte in den meisten Fällen auch die entsprechenden Sonderfunktionen mit übernehmen. Im vorliegendem Fall wäre es in erster Linie die Betätigung der Wasserwerfer, wenn möglich, drehbar gelagert. Gute Dienste leisten hierfür die im Handel erhältlichen Kleinstpumpen für Zimmerspringbrunnen. Bei den Löschkanonen ist der Modellbauer vorerst noch auf den Eigenbau angewiesen. Da ein Schiffsmodell mit zunehmender Entfernung vom Ufer an Wirkung verliert, was seine Attraktivität sehr beeinträchtigt, ist hier der Maßstab 1 : 25 angebrachter. Der nebenstehende Plan ist zwar im Maßstab 1 : 50 gehalten, so daß alle Abmessungen verdoppelt werden müssen, enthält aber den wichtigen Spantenriß für das größere Modell. Nach dem Aussägen der Spanten und dem Aufstellen auf einem Hellingbrett erfolgt von den Seiten zum Kiel hin das Aufplanken. Wie bei allen schwimmfähigen Modellen wird das Deck mit einem Ausschnitt versehen und die Aufbauten abnehmbar ausgeführt. Zur Gewichtseinsparung werden die Aufbauten aus Balsa- oder Abachiholz hergestellt. Eine andere Lösung bietet die Verwendung von 1 mm starkem Hartpapier, deren praktische Ausführung für dieses Modell auf den Seiten 34/35 gezeigt wurde. Wie bereits ausgeführt, sollen bei einem Zweischraubenantrieb die einzelnen Schrauben nach außen schlagen, also links- und rechtsdrehend sein.

Versorgungsschiff „Holstentor"

Als letzter Bauvorschlag soll hier ein wenig bekanntes, dafür aber recht interessantes Schiff vorgestellt werden. Das Modell des Versorgungsschiffes „Holstentor" ergibt im Maßstab 1 : 50 die günstige Länge von 106 cm über alles.

Die Bohrtätigkeit nach Erdgas im Küstengebiet der Nordsee machte es notwendig, die draußen liegenden Bohrinseln mit Material und Versorgungsgütern zu versehen. In Amerika, wo schon lange Bohrungen von See aus durchgeführt werden, entstand hierfür ein besonderer Schiffstyp, das sogenannte „supply boat". Diese amerikanischen Schiffe übernahmen die Versorgung der ersten Bohrinseln. Mit einer sprunghaft zunehmenden Bohrtätigkeit entstand ein immer größer werdender Bedarf an Nachschub. So entschloß sich die NVG, Nordsee Versorgungsschiffahrt GmbH, Hamburg, eine Reihe von Versorgungsschiffen auf einer deutschen Werft in Auftrag zu geben.

Die Aufgaben dieser Versorgungsschiffe liegen im Transport von Bohrgestängen, Rohren und Kollis aller Art und Größen, sowie von Zement und Schwerspat für die Befestigung von Bohrlöchern. Ferner werden Frischwasser und Treibstoffe für die Sanitär- und Maschinenanlagen der Bohrinseln und Proviant für das Bohrpersonal transportiert. Soweit möglich, sollen auch Personen von und zu den Bohrstellen gebracht werden.
Ende September 1966 lieferte die 1885 in Lauenburg an der Elbe gegründete Schiffswerft und Maschinenfabrik J. G. Hitzler ihr viertes Versorgungsschiff NVG 6 ab, das später den Namen „Holstentor" erhielt. In den folgenden Jahren wurden weitere Versorgungsschiffe gebaut und in Dienst gestellt.

Obgleich die Schiffe mit den beiden spatenförmigen Schweberudern und dem Doppelschraubenantrieb eine ausgezeichnete Manövrierfähigkeit besitzen, ist im Vorschiff zusätzlich ein Bugstrahlruder mit einer Antriebsleistung von 120 PS und 850 mm Propellerdurchmesser eingebaut. Somit ist die Möglichkeit gegeben, selbst bei ungünstigen Wind- und Stromverhältnissen schwierige Manöver zu fahren und das Schiff auf Position zu halten. Für den an Sonderfunktionen interessierten Modellbauer ergeben sich die mannigfachsten Lademanöver.

Transport von Schiffsmodellen

Schwimmfähige und ferngesteuerte Schiffsmodelle werden heute kaum noch unter 1 Meter Länge gebaut. Auch Modellängen bis zu 1,7 m sind durchaus keine Seltenheit. Mit zunehmender Größe steigt die Tragfähigkeit stark an und ermöglicht dadurch eine wesentlich höhere Zuladung. Mit den größeren Modellen tritt die Frage des Transportes in den Vordergrund.

Für den „Nahverkehr" hat sich der im obenstehenden Bild gezeigte Transportwagen gut bewährt. Im Hause wird dieses 1,68 m lange Modell mit dem Holzrahmen vom Wagen genommen und gemeinsam gelagert. Das Fahrgestell besteht aus einem länglichen ca. $25 \times 25 \times 3$ mm starken Winkeleisenrahmen. An den beiden Seiten sind U-förmig gebogene Stahlrohre für die Lagerung der Lufräder angeschweißt. Auf eine zusätzliche Federung kann bei der Verwendung von Luftreifen eines Kinderrollers verzichtet werden, da hierdurch Transporterschütterungen weitestgehend ausgeschaltet sind. Die leicht geschwungene und aus einem ca. 20 mm starken Stahlrohr bestehende Zug-/Schubstange wird mit dem Rahmen verschraubt, vernietet oder verschweißt. Das an der Unterseite der Zugstange angeschweißte dünne, trapezförmig abgewinkelte Rohr verhindert eine zu starke Schräglage des Modells in den Transportpausen. Nach dem Rohbau wird das Wagenchassis lackiert, die Räder montiert und das obere Ende der Zugstange mit dem Griff eines Fahrradlenkers versehen. Die Auflage des Bootes erfolgt nicht direkt auf dem Wagen sondern auf einen Holzrahmen, der entsprechend der Rumpfform ausgearbeitet ist. Um Beschädigungen der Bootsaußenform zu vermeiden, werden die mit ihr in Berührung gelangenden Schnittkanten des Holzrahmens mit dickem Filz beklebt. Mit etwas Geschick läßt sich der Wagen auch für eine Holzausführung umkonstruieren.
Für den Versand von Schiffsmodellen ist ein stabiler Kasten erforderlich, in dem das Modell fest verankert wird. Die Versandkiste besteht aus dem eigentlichen Kasten und der Modellhalterung. Während der Rahmen des Kastens aus ca. 2 cm starken Brettern besteht, genügen für die Vorder- und Rückseite 3 mm Hartfaserplatten. Als Halterung dient eine Tischlerplatte, deren Abmessung die Modellänge und -breite jeweils um 10 bzw. 6 cm übersteigt. Auf dieser Platte werden senkrecht zwei etwa 3 cm starke und der Bodenform entsprechend ausgearbeitete Holzbretter geschraubt. Die Auflageflächen werden mit starkem Filz beklebt. Hierauf wird das Modell auf der Halterung mit starkem Bindfaden festgezurrt. Nach dem Einschieben der Modellhalterung in

die Transportkiste werden beide miteinander verschraubt. Verbleibende Lufträume können nach Bedarf mit Styropor ausgefüllt werden.

Vereine und Wettbewerbe

Die den Deutschen nachgesagte Vereinsfreudigkeit besteht auch bei den Schiffsmodellbauern. In der Bundesrepublik gibt es etwa 80 Schiffsmodellbau-Clubs, die in den Gruppen Nord, Mitte, West und Süd des „nauticus" e. V., Deutsche Vereinigung für Schiffsmodellbau und Schiffsmodellsport, Hauptgeschäftsstelle: Hans Greth, 731 Plochingen, Filsweg 22, zusammengefaßt sind. Der „nauticus" wiederum ist Mitglied in der NAVIGA, Europäische Vereinigung für Schiffsmodellbau und Schiffsmodellsport mit Sitz in Wien. Die Freunde historischer Schiffsmodelle haben sich im „Arbeitskreis historischer Schiffbau" e. V., 6501 Heidesheim, Postfach 176, zusammengefunden und sind durch die vierteljährlich erscheinende Zeitschrift „Das Logbuch" verbunden.
Die Mitglieder der einzelnen Clubs treffen sich regelmäßig zum Erfahrungsaustausch und zu gegenseitiger Hilfe. Größere Clubs haben besondere Jugendgruppen gebildet und führen Schaufahren, Freundschaftstreffen und Wettbewerbe durch. Bei der Vielzahl der möglichen Schiffsmodelle werden die Wettbewerbe nach Klassen, z. B. Modellsegeljachten, Tischmodelle, RC-Modelle, Rennboote und weitere ausgeschrieben. Durch auf Kursen geschulte Standbewerter werden Punkte für vorbildgetreue, maßstabgerechte Wiedergabe und Ausführung vergeben. Weitere Punkte bringen ferngesteuerte Modelle beim Kursfahren, bei Fahrmanövern und der Vorführung von Sonderfunktionen. Die Sieger erhalten Wanderpreise und Urkunden und dürfen auf den Landesmeisterschaften und danach auf der Bundesmeisterschaft ihr Können erneut unter Beweis stellen. Die Besten treffen sich dann bei der Europa-Meisterschaft wieder.
Da die oben angeführten Vereinigungen ihre Unkosten aus den Mitgliederbeiträgen decken müssen und die Arbeiten ehrenamtlich erfolgen, sollte jeder Anfrage doppeltes Rückporto beigefügt werden.

Bezug- und Quellenhinweise

Soweit es sich nicht um Eigenkonstruktionen oder Eigenbau handelt, sind die beschriebenen Baukästen, Zubehörteile und Baupläne im Modellbau-Fachhandel erhältlich.

Hersteller des Baukastens „Adolph Bermpohl" sowie Vertrieb der HB-Glühkerzenmotoren und des Taifun-Glühkerzenmotors: Johannes Graupner, 7312 Kirchheim/Teck.

Der Baukasten der Korvette „Atropos" und die Beschlagteile stammen von der Firma Steingraeber, 3572 Stadt Allendorf.

Hersteller der E-Motoren und des Elektro-Starters: R. Marx-Lüder, 7121 Gemmrigheim/N.

Dampfmaschinen: Helmut Breisinger, 7441 Großbettlingen, Postfach 26

Als Vorlagen dienten folgende SMB-Baupläne:

Motorjacht „Sturmvogel", Heckraddampfer „Mississippi", Schwerer Kreuzer „Prinz Eugen", Fährschiff „Kronprins Harald", Segelschulschiff „Gorch Fock", Feuerlöschboot „Düsseldorf" und Versorgungsschiff „Holstentor".

Bezugsnachweis durch: T. Vieweg, 2106 Bendestorf, Postfach 1129.

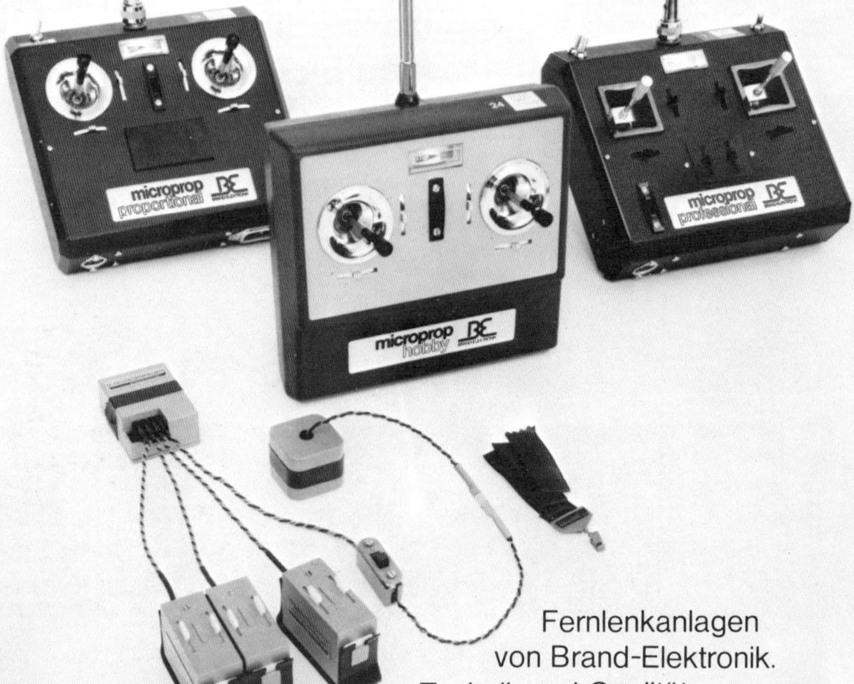
microprop
proportional
microprop
hobby
microprop
professional